Fuera de

las Tinieblas...

por

Mary Kloska

En Route Books and Media, LLC

St. Louis, MO

⊕ *ENROUTE*
Make the time

En Route Books and Media, LLC
5705 Rhodes Avenue
St. Louis, MO 63109

Cover credit: Mary Kloska

ISBN-13: 978-1-952464-80-5
LCCN: 2021938840

Explicación del Ícono
usado para la portada

Diciembre 19, del 2003

En este ícono de la Pasión de Jesús, hay muchas cosas que se hacen visibles para el corazón. La primera es Su Amor fuerte y apasionado, sin embargo, muy tierno. La sensibilidad de Su Corazón puede ser vista en Sus ojos, como también Su cuerpo completamente abierto en un abandono desnudo. El Amor de Jesús es tierno, humilde y aun así, fuerte. Es fuerte en fidelidad, y a la vez suave, ya que respeta delicadamente la libertad de la gente. Su cuerpo está revestido en Sangre, ya que Su Sangre es Su mayor tesoro y regalo para la humanidad. La Sangre de Jesús llama e invita a Sus hijos a venir y tomar a la fuente de misericordia, perdón, justicia y verdad de Su Corazón. El cuerpo de Jesús está herido— porque ha sido golpeado para poder liberar a

sus hijos amados. Y todo a Su alrededor está
negro en esta grandiosa noche de la Cruz—
sin embargo, fuera de esta oscuridad, Su
Corazón y Su cuerpo crucificado en el Amor,
son una gran luz para el mundo—un símbolo
de la conquista del Amor, en la Resurrección.
La Sangre de Jesús ilumina el camino para
que los corazones encuentren la paz. Es la
llave que abre todos los secretos escon-
didos—es el bálsamo que curará a todas las
almas heridas. Más que palabras, el amor de
Jesús en este ícono, se explica así mismo. Este
ícono es el título para este libro—explica
bellamente la verdad de las palabras con-
tenidas en él. Sin embargo, la enseñanza
dentro de este trabajo es mucho más
profunda que estas palabras y el ícono—su
verdad puede ser entendida, completamente,
a través del Amor. Y por eso ruego que
nuestro Padre conceda el regalo profundo del
Amor, en el Espíritu Santo, a cada corazón
que se encuentre con este ícono, y con este
escrito. Y que Su Amor pueda encender una
llama en cada alma, para que pueda ser hecha

Explicación del Ícono usado para la portada

'una' con Jesús, por medio de esta herida que se desprendió de Su corazón, en la noche. Que Jesús los bendiga a todos en Su Amor. Amén.

Mary Elizabeth Kloska, Fiat +

La pequeña esposa de Jesús
Una con Él en la Cruz

December 19, 2003

Historia del Libro

Durante la Cuaresma del 2003, me encontraba sola en una estación misionera en Kansk, Siberia. Había estado viviendo en Krasnoyarsk, Rusia, por 18 meses, y el Obispo de nuestra diócesis decidió que quería que la comunidad, a la que yo estaba sirviendo, tomara permanentemente la misión en Kansk, y que fuera inmediatamente. La hermana religiosa, con la que yo estaba viviendo, decidió quedarse (con algunas visitas breves) en Krasnoyarsk, para cerrar nuestro apartamento y terminar algunos compromisos que teníamos ahí, en esa parroquia. Acordamos que yo me mudaría a Kansk y estaría sola en el apartamento de la parroquia. Sin embargo, no estaba sola—ya que durante estos meses de solitud, me dieron permiso de tener a Jesús presente en la capilla del apartamento de la parroquia. Había un sacerdote cerca, quien visitaba para celebrar la Misa, y después me dejaba con Jesús. Él no podía tener Al Santísimo Sacramento en su apartamento, porque era rentado, y no estaría seguro ahí (considerando la situación en Rusia). Esto significaba que mi apartamento era el único lugar en el que El Santísimo Sacramento era reservado, en los 1000km de espacio entre Krasnoyarsk y Irkutsk. Era un regalo increíble tener al Señor conmigo, día y noche, pero también era una responsabilidad convertir mi vida, en una vida de total oración. Esto no era tan difícil para mí, como sería para la mayoría de la gente, ya que ya había vivido algún tiempo con una comunidad ermitaña en los Estados unidos, y ya había sentido ser llamada a una vida de oración intensa. Estar de 7-10 horas al día con el Señor no era nuevo –porque ya había habido períodos en mi vida, en los que largas horas de oración fueron necesarias para mí. Y durante esta Bendita Cuaresma, sola con Jesús en la Eucaristía, la primera parte de este libro que estás leyendo ahora, fue abierta a mi corazón. Escribí esta primera parte durante esas largas horas en Kansk, con la esperanza de que algún día podría tenerlo traducido para la gente rusa, a quienes amo tanto. Aún tengo esa esperanza.

Después de escribir este libro, eventualmente lo compartí con una hermana religiosa en Italia, quien lo tradujo para usarlo en el retiro anual de Cuaresma de sus hermanas. Después de eso, había 'descansado en un armario' mientras luché por vivirlo, durante mi vida como una misionera por todo el mundo, y como una ermitaña. Fue después de muchos años de tenerlo guardado que el Señor me animó a tratar de publicarlo, para que las riquezas que yo gané al escribirlo, pudieran también ser compartidas contigo.

La segunda parte de este libro fue escrita durante mis tres meses que estuve viviendo como ermitaña, en una ruina en el desierto de Tabernas del Sur de España. Fue escrita con la intención de guiar al lector, profundamente, dentro de la unión con los pensamientos interiores, sentimientos y experiencias de Jesús durante Su Pasión, Muerte y Resurrección. Espero que mientras tomas estas palabras –usándolas como un retiro—y las meditas frente Al Santísimo Sacramento, puedas llegar a conocer el Amor de Nuestro Señor de una manera nueva, y no conocerlo únicamente con tu mente, sino ser tocado en tu corazón y transformado en conformidad con Él.

13 de enero de 2021

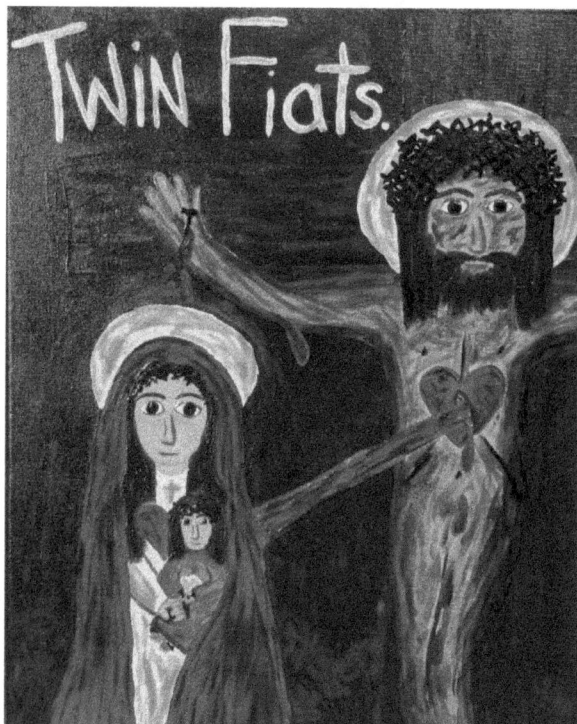

Este libro está consagrado al Corazón
Sagrado y Eucarístico de Jesús –
Perforado por nuestros pecados, aplastado
por nuestras ofensas,
Ofrecido como un holocausto perfecto de
Amor para que ganemos la alegría Eterna.

Y a Su Santísima Madre de los Dolores,
Quien, con su 'Fiat gemelo' unido al Suyo
en el Calvario, cambió toda amargura en
dulzura, al abrazar
Su verdadera Entrega y Amor.

Jesús, sencillo y humilde de Corazón, y
María, Madre de los Dolores, y Nuestra
Señora de la Vid
–rogad por nosotros. +

Estas no son solamente palabras o teoría,
sino algo que he vivido.

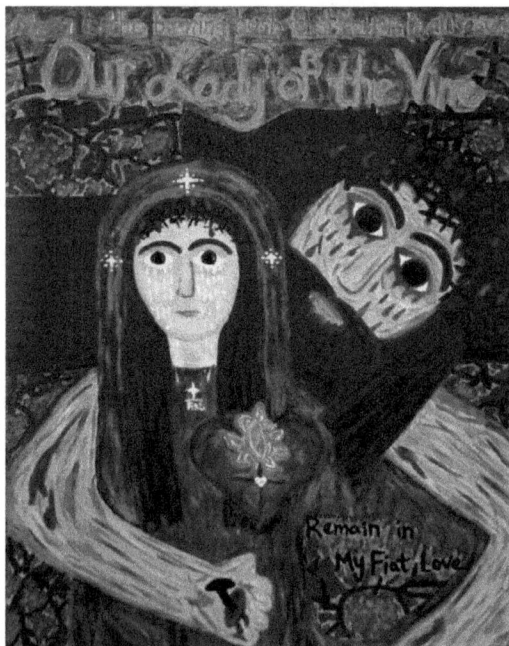

Ese libro está escrito por amor a Jesús, mi esposo. Es dedicado a Él, y consagrado en Su Sangre, Obediencia, Amor crucificado y Esperanza Gozosa, presente en Su Pasión, Muerte y Resurrección; y a Su Madre Dolorosa, mi Madre.

CONTENIDO

PARTE 1

I

Fuera de las Tinieblas...

"Los que temen al Señor hallarán Su favor, y sus buenas acciones brillarán como la luz." (Sirácides 32:16)

El que teme al Señor es débil en cuanto a sí mismo. Su fuerza se encuentra en su debilidad, ya que es ahí donde conquista el gran poder del Amor de Dios. Cuando alguien que es pequeño y débil, le pide a su padre en el Cielo en gran confianza, él es cuidado por Dios fielmente en todas sus necesidades. El que le teme al Señor está lleno de sabiduría. Tiene un corazón atento, un corazón que sigue la voz y la mano del Espíritu que lo guía. Y es a través de este Espíritu dentro de él, que es capaz de encontrar una senda clara, aún en medio de gran oscuridad. Jesús es nuestro Señor, pero misteriosamente de alguna forma en Su humanidad, Él también confió en el Señor. Es acerca de Él que el salmista escribe: "Pero a mí, pobre y afligido, que tu ayuda, oh Dios, me defienda. Celebraré con cantos el Nombre de Dios, y lo alabaré en acción de gracias. (Salmo 69:30-31). Es en el gran Amor y confianza de Jesús en Su Padre, mostrado al final en Su entrega en la debilidad de la Cruz, que vemos como Dios nunca abandona a aquellos Sus hijos, quienes confían y le temen en amor. Es en la oscuridad de la Cruz que es llevado a cabo el plan de Salvación del Padre. Es en la pequeñez débil de Jesús en la Cruz, ofrecida al Padre en Amor, que el Padre lleva a cabo Su gran plan para vencer a la muerte y al pecado. Es fuera de la oscuridad, de las tinieblas y del dolor de la Cruz que somos sanados, salvados y guiados por la clara luz del Amor de Jesús. Es desde Su Muerte, que se nos ha dado Vida. Y por eso, cuando nos unimos a Él en Amor Cristiano profundo, llegamos a ser uno con Él, en su amor obscuro. Será desde el interior de los lugares de tinieblas y oscuros de nuestras vidas, que la Mano fiel del Padre nos guiará. Será desde nuestras pequeñas muertes en la vida, que Dios coloca Su Vida en nosotros. Será desde nuestra debilidad, ofrecida al Padre, donde Él pondrá Su Amor Poderoso Crucificado y Resucitado. Esta es nuestra esperanza y nuestra alegría: que fuera de las tinieblas en nuestras vidas, Él sacará un rico plan de Su Amor. En esto, nosotros seremos como Su Hijo Jesús.

II

Tinieblas, Quietud y Silencio

"Desde el mediodía hasta las tres de la tarde, se cubrió de tinieblas todo el país." (Mateo 27:45)

El momento de la Crucifixión es un momento que toca profundamente cada una de nuestras vidas. Es el momento del Amor insondable de Dios para nosotros: el momento de nuestra Salvación. Es el momento de tinieblas, de quietud, y de silencio ensordecedor—tres cosas de las que se aleja nuestro mundo moderno, viéndolas como malignas. La belleza de las tinieblas de la Cruz, está en el velo de un Amor misterioso—el Amor de nuestro Salvador—completemente humano y divino. Su Amor, el que lo llevó a la Crucifixión, no es entendible a la mente humana, pero es conocido por Su presencia en lo profundo del corazón humano, abierto en fe.

¿Por qué el Amor maravilloso de Dios en la Crucifixión, está rodeado de tinieblas y de oscuridad? La oscuridad limpia nuestros corazones, haciendo lugar para lo sublime. La oscuridad nos abre, permitiéndonos ser descubiertos, sin vergüenza. Y es en la oscuridad interna del alma (una oscuridad que llena nuestra mente, emociones, memoria y corazón) que Dios es capaz de desvestir a la humanidad, de sus muchas máscaras, para unirse a ella en profundo Amor.

¿Por qué el acto de Amor más grande de Dios, estaba atado en la quietud de la Cruz? La quietud también es algo que la mente de la humanidad moderna considera maligno, en un mundo donde el trabajo y el movimiento son nuestros dioses. Sin embargo, es únicamente en la quietud que podemos recibir el trabajo del Amor de Dios para nuestros corazones. Es en la quietud que lo escuchamos y somos llenados con Él, en paz. Nuestros corazones buscan la quietud, en medio de nuestro mundo en movimiento. En la mañana, por ejemplo, mientras esperamos que nuestro café esté listo (así podemos tener energía para trabajar y movernos todo el día) nuestros corazones pueden encontrar un momento de quietud desnuda, en el cual Dios nos pueda dar paz. Es en pequeños momentos, como este, que Jesús está alcanzándonos desde la Cruz, para unirnos a Él, en un Amor sufriente simple. Jesús no podía hacer mucho en la Cruz, porque Sus manos y sus pies estaban crucificados—pero fue en este grandioso acto de entrega y Amor quietos, que fuimos salvados. Lo que hacemos no es tan importante, como cuanto amamos. Esperando con amor a que esté listo el café, hace más por el mundo, que dar de comer sin caridad al pobre.

El silencio es algo casi no existente en nuestro mundo de computadoras, televisor y radio. El silencio nos deja quietos y desnudos con nosotros mismos, y por eso lo evitamos como si fuera una plaga. Y si nuestra humanidad del día-moderno se aleja de silencios físicos, cuanto más nos hace falta el silencio interior. El silencio real no es de la boca y los oídos, sino que es de la mente y del corazón. El silencio real está lleno de amor, o escuchando atentamente a la Cara, Corazón, palabras y deseos del Amado.

Y Dios toma estas tres cosas tan rechazadas en nuestro mundo actual—tinieblas, quietud y silencio—y dentro de ellas nos revela los misterios más grandes de Su Amor: Crucificado. Desde la Cruz, Él usa las tinieblas, la quietud y el silencio, como instrumentos para dar la Luz más grande, para hacer el Acto más grande y para pronunciar una palabra que ha sonado en la mente y en los corazones de la gente, por todas las generaciones. "Y sus buenas acciones brillarán como la luz." Siracides 32:16). Así es como trabajó Dios siempre. En la noche de la edad anciana de Abrahán, Él construyó una gran nación, tan innumerable como las estrellas. En el momento en el que Isaac iba a ser sacrificado en obediencia, Él mand a un ángel a rescatarlo. En el desierto solitario, cuando Jacobo dormía sobre una roca, el Señor vino y le habló, prometiéndole muchos descendientes. Y únicamente después de que el ángel lucho con él, lastimándolo en una cadera, Jacobo recibió su bendición. José fue vendido como esclavo, sin embargo, desde la fosa de su celda, Dios lo levantó para ser el gran ayudante del faraón, y un salvador para su familia. Después de años de esclavitud en Egipto, Dios rescató a Su pueblo, salvando a Moisés de la espada y llamándolo para guiar a los israelitas a la Tierra Prometida. En el desierto, Dios separó el Mar Rojo para salvar a Su pueblo; Él les dio agua de una roca y pan del cielo. Samuel escuchó a Dios llamándolo, tres veces, en la noche. Y Jonás escuchó a Dios hablarle, estando en la panza de una ballena. Daniel fue lanzado a los leones, sin embargo, ningún hueso de su cuerpo fue lastimado, y toda la gente alabó al único Dios Verdadero, a causa de Su fidelidad en la noche. Desde la oscura noche de fe, la cual sufrió José, el esposo de María, Dios le reveló Su plan en un sueño. Y fue avisado dos veces en un sueño, en la noche, ir a Egipto y retornar a Nazaret, para que el niño Cristo se salvara. Fue precisamente en la noche, en quietud, en silencio, desde el cual Dios le habló a Su pueblo, y los liberó. Jesús, desde la noche oscura de la Cruz, dio vida a toda la gente. Así es como Dios trabajó en el misterio de la Salvación. Y así es como Él trabaja hoy en cada una de nuestras vidas.

Sí, Dios está activo como una Persona, como un Padre, como el Hijo, como el Amado, como un Pastor, como Sabiduría, como un Espíritu—tratando de tener hoy una relación profunda con cada uno de nosotros, Sus hijos y Sus amados. Su sed por nuestro amor es evidente en nuestras vidas, a través de nuestros encuentros con la oscuridad, la quietud y el silencio, mientras trata de despojarnos de las máscaras de imagen, de publicidad y de nuestras ideas, para poder transformarnos en imágenes vivientes, de Amor Crucificado, con Su Hijo. ¿Por qué Su Crucifixión es tan hermosa? Porque es la verdad desnuda—es el más puro de los amores desinteresados. La Crucifixión es tan necesaria para despertarnos, para abrirnos, para sanarnos, para fortalecernos. La Crucifixión de Jesús nos lleva a Dios y por eso, es el medio por el cual encontramos paz, alegría, y esperanza. Nuestra paz está en Su Sangre. "Porque así quiso Dios que la plenitud permaneciera en Él. Por Él quiso reconciliar consigo todo lo que existe, y por Él, por Su Sangre derramada en la Cruz, Dios establece la paz..." (Colosenses 1:19-20). Sí, eso es lo que hace Su Crucifixión—es un Amor tan puro, nos da una gran paz. Y nos da la posibilidad de encontrar paz en nuestro pequeño compartir de Su Crucifixión, con Él, en nuestras cruces diarias.

Las tinieblas del Calvario le dan sentido a la Luz de la resurrección. Muestra la fuerza del Amor misericordioso. No podemos vivir únicamente en la Resurrección, porque nuestros corazones no están lo suficientemente profundos y abiertos, para recibir este regalo. La Resurrección esta incluso a nuestro alrededor, pero no puede ser vivida profundamente, hasta que abracemos el Beso del Salvador de Crucifixión, tinieblas, quietud y silencio, en nuestras vidas. Es aquí, en las profundidades del Corazón de Jesús oscuro y quieto en la Cruz, que somos purificados y despojados, para poder recibir Su Amor. Es aquí, donde Él puede dar Su fuerza para llenarnos. Debemos de mirar siempre juntas a la Crucifixión y a la Resurrección en nuestras vidas. Sin la Resurrección no hay esperanza. Pero sin la Crucifixión, no hay Amor. Debemos vivir la Crucifixión con Jesús, en las pequeñas maneras que Él nos ofrece cada día, y también vivir con Él en Su Amor Resucitado. En esto, nos convertimos en imágenes de Él, de Su Corazón, viviendo en el mundo. En esto, encontramos unión con Él. En esto, nos transformamos en Su Amor viviendo en la tierra.

El Amor es una cosa concreta, perdida en este mundo. Es morir a sí mismo por el Amado y por Su presencia en otros. Es servicio a través de estar atento a las necesidades de Jesús, en otros. Es permitirle a Su Amor vivir en nosotros—lo que significa el perdón perfecto, obediencia perfecta, pobreza perfecta, castidad perfecta, un fíat (si) perfecto. En perfecto, quiero decir, perfectamente de acuerdo a la forma que el Padre ha querido que vivamos en Su Amor. Cada persona está llamada a permitirle a Él, entrar en sí misma, para vivir así. Esta clase de Amor, El Amor de Jesús Crucificado y Resucitado, es un Amor más allá de la muerte. Es un Amor que vence la muerte y nos lleva a vivir con Él en Su Reino Celestial.

III

Este es Mi Cuerpo...

La noche antes de que Jesús muriera, nos dio el regalo de Sí Mismo, en la Eucaristía. El dijo: 'Esto es Mi Cuerpo, el cual es entregado por ustedes; hagan esto en memoria Mía... Esta copa es la Alianza Nueva sellada con Mi Sangre, que va a ser derramada por ustedes' (Lucas 22:19b, 20b) Como lo muestran estas palabras, hay una conexión profunda entre la Eucaristía y la Cruz. El regalo del Cuerpo y de la Sangre de Jesús, Alma y Divinidad en la Eucaristía, es el regalo de Su Corazón Crucificado. Y este Corazón es real. Jesús nos da, en la Eucaristía y en la Cruz, el regalo de Su Sangre. No es, únicamente, el regalo de Su Cuerpo y de Su Alma crucificados por nuestros pecados, por nuestra salvación, como una ofrenda nuestra para el Padre, sino también es el regalo de Sí Mismo, para nosotros. Jesús entregó Su Cuerpo en la Cruz, como un regalo para nosotros. Su unión con nosotros, desde la Cruz y en la Eucaristía, es doble. Uno, Él toma sobre Sí mismo nuestros sufrimientos, y en esto, estamos unidos. Sino que también, Él simplemente se ofrece a Sí mismo en la Cruz, en un gesto marital de Amor. Y esta ofrenda en la Cruz, la recibimos para nosotros mismos, en la Eucaristía. Aquí, Jesús abierto, vulnerable, débil y desnudo dice: 'Aquí está Mi Cuerpo—recíbeme y permite que seamos uno. Aquí está Mi Sangre, entregada como un regalo por ti, y para ti.' En la Eucaristía recibimos el Amor Conyugal de Jesús, el regalo de Su Cuerpo, por nosotros y para nosotros. Y como un verdadero Esposo de cada uno de nuestros corazones, Jesús no solamente nos ofrece Su Cuerpo en la Cruz y en la Eucaristía, sino también su Alma—todo lo que es Él. Jesús sufrió intensamente dentro de Sí mismo— Sus sufrimientos interiores, más angustiantes que sus exteriores—por Amor a nosotros y para ser un regalo para nosotros. Jesús dijo en el Huerto: 'Siento una tristeza de muerte.' (Mateo 26:38). Y gritó desde la Cruz: 'Eli, Eli, ¿lema sabachthani? Lo que significa, Dios mío, Dios mío ¿Por qué me has abandonado?' (Mt 27:46). Estas dos cosas revelan, un poquito, de la angustia interior misteriosa que Jesús sufrió en la Cruz. Él ofreció Su Corazón, Su Alma, Sus emociones, 'todo' como un sacrificio para nuestra redención. Y es en estos sufrimientos interiores, que Jesús se convirtió en uno, con nuestros corazones, y con los misterios de los sufrimientos y heridas profundas de nuestros corazones. Aquí en la Cruz y en la Eucaristía, Su Corazón se encuentra con nuestro corazón—Sus Heridas se encuentran con nuestras heridas—Su Regalo encuentra a nuestro regalo de nosotros mismos para Él, y con Él, para el mundo. Ya que el amor es un diálogo. Siempre hay una pregunta y una respuesta. El ejemplo más alto de esto, es la Trinidad,

Quien es Amor. El Padre ama al Hijo, el Hijo responde y ama al Padre. El Amor, el cual cuestiona y contesta entre ellos, es el Espíritu Santo. Cuando dos personas se aman, esto es visto también. Una persona habla, la otra escucha y después contesta. Una persona hace algo amable y la otra lo recibe, y ofrece otro gesto amable de vuelta. El Amor vive, crea, y habla. Y esto es verdad, también, del Amor Eucarístico Crucificado de Jesús. Él nos ofrece Su Cuerpo, y debemos recibirlo, y responderle ofreciéndole nuestro cuerpo a Él. Así es como el Amor forma unión. La Trinidad es 'una' en Amor, y Jesús nos llama a compartir en este Amor, con Él. 'Este es Mi Cuerpo,' dice Él, y se vacía completamente a Sí mismo por nosotros en la Cruz, y en nosotros en la Eucaristía. Él nos da Sus heridas, como un lugar para descansar las nuestras. Él nos da Su Corazón, como un lugar para que el nuestro viva. Él sufre interiormente como un vaciamiento de Sí mismo por nosotros, y Él nos llama, mientras respondemos a Su Amor recibiéndolo para nosotros mismos, para estar unidos con Él en Amor, y para ofrecernos a sí mismos, con Él.

Jesús estaba desnudo en la Cruz. Esta es una realidad que muchos tienen miedo de admitir, temiendo que la desnudez hará a nuestro Salvador impuro. Pero la pureza no viene vestida—la pureza es la presencia de Dios en el Corazón. Los bebés nacen puros y desnudos—intocable por todos, no por Dios. Jesús era muy puro, como un niño pequeño y desnudo, en la Cruz, no nada más en Su Cuerpo, sino también en Su Corazón. Y así es también como nos encontramos con Él, en la Eucaristía: desnudos—un regalo puro de Amor. La desnudez de Jesús es un signo de vulnerabilidad en el Amor, en Su Amor tan grande por nosotros, que estaba dispuesto a dar todo, y a revelar todo. Ropa en Su Cuerpo o 'ropa' en Su Corazón, nos habría separado de Él. Nos revela todo sobre Él desde la Cruz y dice: 'Este es Mi Cuerpo, esta es Mi Sangre, este es Mi Corazón y Mi Alma—tómalo, recíbeme dentro de ti. Quiero ser uno contigo.' Vemos en esto el acto más perfecto de Amor Marital. Así como un esposo y esposa desean darse completamente al otro – exterior e interiormente—así Jesús deseó darse a nosotros, a Sí mismo en la Cruz, en tan perfecto Amor Conyugal, que el amor marital humano es solo una sombra de esta Realidad. Así como el esposo y esposa son puros en su desnudez, uno frente al otro— llenos de amor y deseo puro para dar desinteresadamente la plenitud de sí mismos—así también Jesús estaba puro en Su acto desnudo de Amor Conyugal Crucificado. Y así, cuando lo recibimos en la Eucaristía, Él nos llama a recibir Su regalo, Su humilde debilidad y la pequeñez de Su Cuerpo en la forma del pan y del vino, para que tengamos también la fuerza de darnos a Él, en una pequeña debilidad desnuda. Jesús sabe que necesitamos Su Cuerpo. Necesitamos Su Cuerpo para la vida, para la salvación. Para sanar, para la paz y para el Amor. Él también sabe que nuestro orgullo, o miedo, o defensas nos previenen, a menudo, de permitir a Su Cuerpo tocarnos, especialmente en lugares heridos. Y por eso se convierte en herido por nosotros, para llamarnos, para abrirnos, para sanarnos y para estar unido con nosotros.

Es difícil no responder al Amor real. El Corazón humano fue hecho para Dios, para responder a Su Amor. Y así, es muy difícil para una persona estar inundado con Amor y no ser afectado. Especialmente cuando ese Amor es tan uno con nosotros en humanidad y, sin embargo, divino. Jesús desde la Cruz, especialmente cuando nos es dado en la Eucaristía, nos inunda con Amor, consumiéndonos, para que así le respondamos abriéndonos a nosotros mismos, nuestras heridas, nuestros pecados, para su sanación en el Amor. En esto, en Él, encontramos la fuente de fuerza que necesitamos para vivir unidos con Él, en el Padre.

Las heridas de Jesús y Su Cruz, hablaron de la Resurrección—ya que Él esperó y creyó en la terrible oscuridad. Sus heridas dan vida, porque fueron resucitadas. Y así, cuando nos unimos con Él en la Cruz en nuestras vidas, y en el regalo de Sí mismo en la Eucaristía, seremos llenados con la fuerza de vida nueva, de fe, de esperanza, como también de Su alegre Amor Resucitado.

IV

Sombras de la Cruz...

No hay peor sentimiento, creo, que el de tener miedo, especialmente cuando sentimos miedo, y sin ninguna defensa. Hay miedo el cual podemos controlarlo—por ejemplo, al razonar que no hay razón para temer. O hay miedo que puede ser superado por la fe, a través de la oración. Sin embargo, hay otro miedo el cual algunas veces supera a una persona—tal vez sin una razón buena. La voluntad de una persona puede desear confiar y tener fe en el Amor y protección de Dios, pero de alguna forma, el miedo parece agarrar sus emociones aún más. Esta clase de miedo, casi es maligna—una gran tentación del demonio para perder la fe, la esperanza y la confianza en Dios. Y esta clase de miedo, que viene en oscuridad profunda, agarrando la mente de uno, es el miedo que Jesús sufrió en Su Corazón, en la Cruz. Sí, Jesús se entregó completamente a la copa que el Padre le dio, sin embargo, el miedo aún se aferró a Su alma. 'Y les dijo: Siento una tristeza de muerte; quédense aquí conmigo y permanezcan despiertos. Fue un poco más lejos y, tirándose en el suelo hasta tocar la tierra con Su cara, hizo esa oración: "Padre, si es posible, aleja de mi esta copa. Sin embargo, que se cumpla no lo que yo quiero, sino lo que quieres tu.". (Mateo 26:38-39) San Lucas nos dice que 'Entró en agonía y oraba con más insistencia, y su sudor se convirtió en grades gotas de sangre que caían hasta el suelo.' (Lucas 22:44) Ser atrapado de tal miedo es una cosa horrible, sin embargo, tener usualmente a alguien con nosotros, en tales momentos, puede ayudar a dispersar los sentimientos profundos de terror. Sin embargo, mientras Jesús retorna tres veces a sus discípulos, durante Su agonía, los encuentra dormidos, mientras Él estaba sufriendo intensamente. Jesús sintió soledad profunda en Sus sufrimientos. Y no únicamente en el Huerto, sino también en la Cruz, Jesús sufrió solo todo Su miedo horrible. Sí, es verdad que el Padre envió un ángel para confortarlo en el Huerto, y que Su Madre, algunas mujeres y su discípulo amado, estuvieron al pie de la Cruz; y todos ellos fueron un profundo consuelo. Sin embargo, si Jesús realmente tomó todos los pecados, sufri-mientos, miedo, tentaciones y soledad de la humanidad, sobre Sí mismo en la Cruz, entonces realmente se sintió abandonado en Su Cuerpo, Sus emociones y Su mente. Personas que lo amaban pueden haber estado presentes, pero la oscuridad le impidió recibir este amor alrededor de Él. Él lo sacrificó cuando tomó nuestro pecado y nuestros sufrimientos, sobre sí mismo. En esto, Él fue capaz de unirse con aquellos más abandonados sobre la tierra. Jesús creyó en el amor a Su alrededor, pero este amor no podría ser sentido o ser visto por Sus facultades. El diablo fue capaz de tentarlo, completamente, en Su mente, Sus emociones y Su cuerpo. Se permitió que las tinieblas se lo tragaran. Esta profundidad de Sus sufri-mientos, es un misterio de Su Amor.

El miedo también es intensificado por la oscuridad. San Lucas escribe: 'Como al mediodía, se ocultó el sol y todo el país quedó en tinieblas hasta las tres de la tarde.' (Lucas 23:44) La oscuridad no solo cubrió físicamente a Jesús, sino también mental y emocionalmente, ya que fue abandonado y tentado; una profunda oscuridad espiritual también entró en Él, ya que Su Padre también parecía haberle dejado. La Cruz fue la hora de la noche más oscura. Jesús fue dejado solo para soportar a través del Amor imperceptible de Su Padre, en el cual, Él fielmente creyó y obedeció. San Juan escribe que 'el amor perfecto echa fuera el temor.' (1 Juan 4:18) Esto es cierto para el corazón. Cuando el corazón cree, cuando el corazón es abierto en amor para recibir el Amor de Dios, tal Amor libera, desenredando del miedo, de alguna manera, las profundidades del alma. Sin embargo, el diablo aun puede atormentar las emociones o la mente de una persona, con oscuridad y sentimientos de miedo. Él no puede tocar su corazón, donde reina el Amor de Dios, pero puede molestar esas otras facultades de una persona, si así lo permite Dios. Esta es la clase de experiencia que Jesús sufrió en la Pasión. Él tomó todos nuestros sufrimientos sobre Sí mismo, y eso incluyó la noche negra de nuestros miedos. Cuando Él tomó nuestros pecados sobre Sí mismo, permitió a Sus ojos estar ciegos para ver el Amor del Padre, y esta es una experiencia torturadora. Cuando Él tomó nuestras heridas sobre Sí mismo, tomó esas heridas de nuestros corazones, las que los hace incapaces de recibir la plenitud del Amor de Dios, las cuales expulsan todo el miedo. (Aún, si al mismo tiempo, Él permaneció unido a Su Padre al aceptar Su voluntad en Fiat.) ¡Oh, el horror que sufrió Su Corazón

Crucificado al tomar la copa de nuestros miedos! ¡Cómo torturó el diablo, con esto, Su Corazón solitario!

Y Jesús, en Su gran pureza de Corazón, sufrió más de lo que podemos concebir de esta oscuridad, pecado y miedo. Jesús, aunque era un hombre, tenía un corazón de un niño pequeño—ya que Su Corazón era tan puro que era muy sensible a todas las emociones, situaciones y personas. Su Corazón era capaz de llevar la mayoría de las cosas hasta lo más profundo de su núcleo, y esto incluye el mal que consumió por nosotros en la Cruz. Su Corazón era tan puro; estaba indefenso. Él fue completamente abierto en Amor vulnerable en la Cruz, para beber plenamente la voluntad del Padre, y así recibir a toda la humanidad en lo profundo de Sí mismo. Pero, esta apertura causó que el terror de Su Cruz sea aun más grande, ya que no tenía defensas en contra de Su miedo. Él no tenía seguridad visible, excepto los clavos asegurándolo a la Cruz.

Y no hay nada como que una persona este desnuda cuando tiene miedo. Cuando uno teme, la tentación es cubrirnos, escondernos o defendernos a sí mismos. Cuando un niño tiene miedo, a menudo se cubre la cara. Jesús, perseguido por el miedo en la Cruz, colgó ahí, desnudo y perforado ante el mundo entero. Estaba indefenso, sin embargo, este era un signo de Su profundo Amor. Él no se escondió y no trató de defenderse. Por Amor se expuso abiertamente, desnudo ante el mundo, incluso en su miedo. Pero permaneció fiel, creyendo en lo profundo de Su Corazón, bajo el horror de la Crucifixión, que el Amor del Padre lo sostendría. Esto es Amor. Esto es Amor Crucificado: la voluntad de tomar todo el infierno sobre uno mismo para liberar al amado (quien eres tú, yo y toda la humanidad) dentro del Amor Eterno del Padre. Jesús nunca huyó del sufrimiento. Pero como vemos en el Evangelio, Él salió a encontrarlo y a recibirlo sobre Sí mismo, como un regalo precioso para liberar al mundo. Él dijo: "¿acaso no beberé la copa que mi Padre me da a beber?"[1] Y vemos en el Huerto que "Jesús sabía lo que le iba a pasar. Se adelantó y preguntó: '¿A quién buscan?'[2] Somos tan indignos de tan grande Amor, corriendo hacia adelante, para salvarnos. Y Su Amor, como vemos aquí, era grandioso.

El abandono que Jesús sufrió, en todo este terror de la Cruz, intensificó Su dolor grandemente. Sufrir solo es muy difícil, y ¡cuan más difícil sufrir solo cuando uno se siente abandonado! Jesús gritó desde la Cruz: 'Dios mío, Dios mío, ¿por qué me has abandonado?' Sí, incluso Su buen Padre en el Cielo pareció haberlo abandonado en Su hora más oscura. Estaba aterrorizado, y con un dolor atroz, aparentemente solo. Pero Él, aun así, creyó y amó. Él puso Su mirada en la voluntad del Padre para Su vida, y supo el momento preciso en que todo lo había

---

[1] Juan 18:11.
[2] Juan 18:4.

cumplido. Dijo en ese momento, "todo está consumado." Y entregó Su Espíritu a Su Padre.

La Madre de Jesús estuvo fiel al pie de la Cruz, sin embargo, debió haber sido duro verla con la sangre que llenó los ojos de Cristo. Él tenía que creer en el amor de Su Madre. Verla en Su dolor tiene que haber añadido a la tortura de Su dolor. Sintiéndose impotente, en la Cruz, para consolarla—viéndola ahí abajo—debió haber roto Su Corazón. San Juan escribe: 'Jesús al ver a la Madre, y junto a ella, a Su discípulo al que más quería, dijo a Su Madre: "Mujer ahí tienes a tu hijo." Después dijo al discípulo: "Ahí tienes a tu madre."' (John 19:26-27) En estos momentos intermitentes, en que Jesús miró a Su Madre, debió haber recibido gran Consuelo en Su presencia. Pero ahí, en el momento que miró el consuelo en la mirada y amor de Su Madre, Él no guardó Su amor para Él, para Sí mismo. En ese momento de consuelo Él dio Su consuelo como un precioso regalo para nosotros. Él nos dio a Su Madre. Qué maravilloso Amor es un Amor Crucificado.

El sufrimiento, tanto físico como también interno, que Jesús sufrió en la Cruz, fue de la clase más intensa—ya que fue un sufrimiento encaminado a la muerte. Cuando un cuerpo es lastimado, o el corazón es herido, de inmediato empieza naturalmente a luchar por ser sanado. El dolor que era tan tangible al principio, parece ser menos después de pocos días o semanas, desapareciendo cuando nuestro cuerpo y corazón se acostumbran, y empezamos a defendernos. Normalmente podemos encontrar alguna bondad en una persona, o una gracia para que sea más fácil de soportar, después del primer golpe. Pero el sufrimiento en la Pasión de Jesús fue diferente. No sé si Él sabía que sufriría en la Cruz por tres horas, o si todo pareció no terminar mientras soportaba, pero de cualquier forma, Él no tenía reloj para contar los minutos. Él simplemente tenía que tomar cada gota que le llegaba. Y su sufrimiento pareció nuevo a cada minuto. A cada sufrimiento se le añadían nuevos sufrimientos cada minuto—tanto interna como externamente. Cuando leemos a cerca del sufrimiento físico en la Cruz, el cuerpo se aplasta cada minuto, bajo un nuevo dolor de colapso, que finalmente conduce a la muerte. Y el nuevo dolor físico de Jesús, en todo momento, se sumó a Su Corazón y alma heridos por Su desnudez, abandono, decepción, traición, insultos, incomprensión, tinieblas, tentaciones y separación de Su Padre. Su dolor era agudamente nuevo, fresco en cada momento y aparentemente sin final. Tres horas es un largo tiempo para colgar en la Cruz, especialmente cuando Jesús miraba a un mundo negro, que rechazaba Su Amor. Sin embargo, Él lo recibió completamente todo para Sí mismo, sin defensa, por Amor y obediencia al Padre, y por Amor por nosotros.

Mientras Jesús comparte poquitos de tal sufrimiento con nosotros, deberíamos encontrar comodidad por el hecho que podemos estar con Él—nuestro Señor solitario, abandonado, crucificado. En estos momentos en que sufrimos con Él, saciamos su sed de amor. Todo lo que debemos hacer es fíat (decir s) en lo profundo de nuestros corazones, a Su beso de Corazón-herido en las tinieblas, abandono y miedo que a veces parece agarrar nuestras vidas. Debemos encontrar comodidad en Él, en estos momentos. Ya que Él sufrió todo esto solo, para que nosotros nunca tengamos que sufrir solos. Su soledad nos da fuerza y comodidad en Su presencia, en nuestro miedo y dolor.

Oh Jesús, enséñanos a amar como Tú amas. Es todo lo que podemos pedir. Ayúdanos a ser fieles en amor, como Tú fuiste. Que nuestras vidas puedan secar tus lágrimas de sangre. Que nuestro pequeño fíat (si) contigo sea un beso tierno para tu Corazón crucificado, abierto en el Amor.

Queremos amarte. Necesitamos amarte, especialmente en este momento de Amor Crucificado, cuando el cielo y la tierra entera parecieran haberte dejado solo, en Tu gran sombra de dolor. Ayuda a que nuestras vidas sean una respuesta de amor, en respuesta a la Tuya. Mándanos, por favor, al Espíritu Santo para que nos encienda con Tu Amor, confianza y esperanza fiel de la Cruz, para que en medio de nuestros sufrimientos podamos ver Contigo, en la Cruz, lejos de este mundo que se marchita rápidamente, y dentro de la gran alegría de Vida Eterna Contigo, en la Resurrección. Amén.

V

Los Clavos

¿Qué son los clavos en las manos y en los pies de Jesús? Metal presionado a través de carne humana. ¿Qué hay de los clavos perforando Su Corazón, clavando también Su Corazón a la Cruz? Estos clavos no son visibles, pero son igualmente (si no más) dolorosos. Los clavos son cosas poderosas, pero únicamente si son usados apropiadamente por los humanos—solamente son fuertes, si los humanos ejercen la fuerza de un golpe fuerte en su contra. Los clavos son cosas muy concretas, y así eran los clavos que traspasaron a Jesús, a la Cruz. Eran bien concretos y le dieron un dolor concreto. La Cruz, la Crucifixión, la Pasión, no son solamente ideas abstractas, buenas en guiar la mente en una meditación bonita. No, el dolor de Jesús fue concreto—así como los clavos en sus manos y pies, eran concretos—así como las sombras de Su Pasión, que caen sobre nuestras vidas, son situaciones, gente, palabras y sufrimientos concretos. El dolor de Jesús, en Su Corazón—los clavos que perforaron Su Amor—fue también muy concreto, incluso aunque no era visible. Estos clavos que crucificaron Su Amor, fueron palabras y acciones concretas de pecado, cometido en Su contra y en contra de Su Padre. Fueron rechazo y abandono concreto. Fueron oscuridad, confusión y tentación concreta la que lo consumió en la Cruz. Estos clavos fueron más dolorosos, que esos clavos que perforaron físicamente Su Cuerpo—ya que la fuerza que llevaron esos clavos dentro de Su Cuerpo fueron un soldado y un martillo. La fuerza que impulsó los clavos dentro de Su Corazón fue el pecado de los corazones de Su pueblo Amado, y las tinieblas del mismo infierno desatadas sobre Él. Jesús comparte Su Cruz con nosotros. Es su regalo precioso de Amor—porque profun-diza en nuestros corazones la sed de Él. En la Cruz, nosotros –pequeña y débil humanidad—no podemos soportar solos. Y por eso, en la Cruz conseguimos un encuentro profundo con el Amor—inclinándose con misericordia y extendiendo la mano en perdón desde la Cruz para llevarnos, sanarnos, curarnos. La Cruz no fue divertida. Y nuestras cruces no son divertidas. Pero son las camas que dan a luz al Amor—al Amor puro y verdadero. Le dan a nuestro corazón la oportunidad de ser perfeccionado en el Amor—un Amor vaciado del egoísmo, buscando el bien para todos— incluso para aquellos que nos crucifican. Jesús le ofreció esta clase de Amor al soldado atravesando Su costado con una lanza, como también a aquellos atravesando Su Corazón, en el pecado. Jesús ofreció siempre bondad a aquellos que hicieron mal. Él siempre ofreció bondad. Siempre ofreció misericordia.

En nuestras vidas, Jesús nos encuentra en la Cruz. Él no vino a morir en la Cruz para quitarnos el sufrimiento. No, Él amó mucho para hacer eso. El amor busca estar unido al amado, y para que el Hombre-Dios perfecto nos una a Él, tenía que permitirnos ser libres para amar. Su Padre no quiso que Su creación fuera de Robots. No, Él quiso que tuvieran corazones para compartir en el amor y en la vida nueva. Y por eso, Él nos hizo libres. Y la gente usa mal esta libertad –casi toda la gente—para elegir en contra del amor. Y en esto está el pecado. Y en esto encontramos los clavos de la Cruz de Jesús, atravesándonos también. Los clavos de la Cruz de Jesús también nos atraviesan, a través de la enfermedad. ¿Y por qué entra en nuestras vidas este tipo de Cruz? ¿No podría haber Dios curado todo, para que pudiéramos vivir por lo menos sin el dolor del sufrimiento físico, como este? Y mi respuesta es: Sí, podría. Pero eso tampoco sería un Amor perfecto. Y Su Amor es perfecto. La Mano de la voluntad de Dios está incluso en la enfermedad, a través de la cual, llama a nuestros corazones más profundamente hacia Él. Él usa tales sufrimientos (así como usa los sufrimientos causados por los pecados de otros) para abrir nuestros corazones—para darnos una sed y necesidad por Él. Si nuestros corazones no encontraran situa-ciones de debilidad—tal como la que la enfermedad nos da—olvidaríamos rápida-mente a Dios. Una persona debe tener sed, para poder estar suficientemente abierta para recibir las profundidades de la bebida del Amor que ofrece la Cruz. Jesús sufrió sed en la Cruz, para abrirnos—y también nos llama para encontrarlo ahí. Nada en la vida es coincidencia. Todo es regalo. Cuando vivi-mos tal fíat, como Jesús lo hizo, especial-mente en la Cruz, recibimos paz profunda a través de Su Sangre derramán-dose de nuestras heridas, unidas a las Suyas. Nuestro Pastor es bueno. Toma sobre Sí mismo la mayor parte de la oscuridad, tentaciones, dolor y pecado. Y entra en nuestro sufri-miento para enseñarnos el Amor, en medio de todo. Jesús vino para entrar en el sufrimiento, para sanarnos en él. Entró en el sufrimiento para redimir—para darnos fuerza y bendiciones, para enseñarnos el Amor en medio de este. Con eso, únicamente en Amor en medio de la Cruz, somos moldeados y quemados para ser como Él. Él no quiso que estuviéramos solos, y por eso vino para entrar en lo profundo de la soledad y abandono, para que cuando estos dones besen nuestras vidas, lo encontremos, y desde Él, la capacidad de Amar. Y estos dones llegarán—en maneras concretas. Nuestra paciencia será puesta a prueba por personas y situaciones difíciles. Y tendremos éxito, en el Amor, venceremos el pecado, en el Amor con Jesús, si miramos hacia Él en las pruebas, y no a nosotros mismos, no a las situaciones mismas. Debemos permitirle llevarnos más profundo, para encontrar Su Belleza presente en todo—y si Él nos muestra Su Belleza crucificada, ¡seremos más bendecidos que todos!

Jesús no se quedó mirando a los clavos en la Cruz, y nosotros no deberíamos de mirar a esas situaciones que nos crucifican. Él no se miró a Sí mismo, sintiendo lástima o compasión por Él mismo, y así deberíamos de imitarlo en eso. Si se hubiera fijado en Sí mismo, la Cruz lo hubiera aplastado. Ya que Crucifixión, sin una respuesta del Amor Supremo, es el infierno. En la Cruz, Jesús miró en fe, en obediencia fíat hasta la muerte, en confianza sobre el Amor del Padre, del cual estaba ciego. El miró en esperanza. Nosotros también, en la Cruz, no deberíamos mirar a los clavos de nuestras vidas o a nosotros mismos, sino que deberíamos mirarlo a Él, nuestro Cristo Amado Crucificado, quien hace visible el Amor del Padre. Tenemos algo que Jesús no tenía en la Cruz— tenemos el Amor del Padre, hecho visible en Su Hijo Crucificado.

Los clavos serán reales en nuestras vidas, en nuestros corazones, así como son reales para Jesús Crucificado. Pero la respuesta de Amor también será real, cuando recibamos de Jesús la fuerza que necesitamos para actuar como Él lo hizo, en perdón, entrega y obediencia. Nuestras palabras de bondad, para aquellos que nos persiguen, traerán paz a nuestros corazones y confort para Jesús, tan real como Su imagen que quedó impresa en el manto de Verónica. Su respuesta y regalo para nosotros, es Su imagen impresa en nosotros. El manto que damos es, nuestros corazones, de los cuales vienen todos los pensamientos, palabras y acciones. Al ver siempre las cruces en nuestras vidas, como lugares de encuentros con Jesús, y al responder siempre en Amor, podremos dar bebida a Su Corazón cansado. Desde el desierto de la Cruz, Jesús dijo: "Tengo sed." Que podamos saciar Su sed de amor, al estar con Él en todas las situaciones, personas y estados de corazón que Él nos pueda dar, y al contestarle siempre en el Amor, para el Amor, y por el Amor.

VI

Y Jesús estaba Callado

Hay muchos tipos diferentes de silencios: silencios llenos de sí mismo, silencios de indiferencia y silencios repletos de Amor. El silencio de Jesús en la Cruz, fue un silencio sordo. No estaba vacío, sino un silencio lleno de Amor, de Amor obediente. Su recepción de silencio y respuesta gentil a todo el abuso y torturas lanzadas hacia Él, asilenciaron a Sus perseguidores. Incluso cuando Pilato lo cuestionó, está escrito que: "Pero Él no contestó a ninguna pregunta, de modo que el gobernador no sabía que pensar." (Mt 27: 14) El silencio de Jesús en Su Pasión, era de Amor por aquellos que pecaron en contra Suya. Su silencio en la Cruz fue de escuchar, de esperar, de esperanza y confianza en Su Padre. Fue un silencio de recepción—de recibir todo como un regalo profundo de Amor del Padre. ¡Sí! Incluso en el horror de la Cruz, Jesús miró que era un regalo del Amor Misericordioso de Su Padre, ya que Jesús miró todo en la verdad. Y la verdad fue que Su dolor, era los medios de Salvación para el universo entero. Ser cautivo del silencio es ser cautivo del Amor. Jesús estaba callado porque su enfoque estaba en el Amor del Padre, cargándolo en el sufrimiento. El silencio de Jesús habló más fuerte que las palabras. Su silencio habló de Su confianza en Su Padre, y de Su entrega a la voluntad de Su Padre. Si Jesús hubiera hablado muchas palabras durante la Pasión, pudieran haber sido rechazadas, ignoradas, burladas e incomprendidas. Pero el silencio de Jesús en la Cruz, dio lugar al Espíritu Santo de entrar escondida y misteriosamente, y empezar a abrir los corazones para recibir su redención. En silencio, Jesús no se quejó en contra del Padre, y no se defendió a Sí mismo. No, Él vivió en silencio una profunda confianza infantil sabiendo y creyendo, incluso en la oscuridad vacía, que Su Padre estaba con Él y que el Amor vence la muerte. Todo el infierno fue desatado en contra de Jesús en la Cruz, pero Su silencio desvió la atención del odio y de la tentación, y atrajo la mirada de los corazones hacia el Padre y Su Amor. Sí, Jesús habló varias veces desde la Cruz—Las Escrituras registran siete 'palabras' diferentes; sin embargo, Jesús no dijo ninguna de estas palabras por Sí mismo. No, todo el tiempo que Jesús estaba en la Cruz estaba escuchando, recibiendo profunda-mente en Su Corazón la voluntad del Padre y respondiendo con Amor obediente. Y por eso, cada una de Sus palabras desde la Cruz, era una respuesta en unión con El Espíritu Santo del Amor. Él únicamente habló cuando el Amor lo llamó a hacerlo. Por lo demás, esperaba, confiaba en el Amor invisible, intangible y silencioso del Padre. Esto es Fíat.

Debemos Amar con la profundidad del silencio de Jesús, Su profundidad de escuchar en nuestro pedazo de Su Cruz, también. Nosotros también estamos llamados al silencio, no únicamente de palabras, sino de corazón, de mente, de emociones y de memoria; silencio de miedos y de deseos. Esto se hace mediante un gran movimiento de Amor del Espíritu Santo en nosotros, consumiendo cada una de nuestras facultades. Este silencio no está vacío, sino lleno de Amor confiado. Este silencio espera confiado por una mirada, una palabra, un soplo del Amado. Jesús estaba atento a Su Padre en Amor silencioso. Al imitarlo en esto, podemos llegar a ser como Él. Nuestros corazones pueden ser consumidos en Amor, un Amor mas allá de las palabras y un Amor capaz de perdonar y ofrecer gran misericordia a todos los demás, en medio de nuestras cruces. Esto es lo que significa ser crucificado con Cristo —ser probado por el Amor. Y en una entrega atenta y obediente al Padre, Su Amor puede trabajar y hacer todo en nosotros, por nosotros, a través de nosotros. Amén. Jesús nos enseña que un corazón callado es un corazón martirizado, un corazón martirizado por la atención amorosa a su Amado.

Escuchar, naturalmente significa selección—una elección que tiene sus raíces en la voluntad. Si escuchamos a una persona, nos desconectamos automáticamente y elegimos no escuchar otros ruidos o a nuestros pensamientos. Cuando Jesús estaba en la Cruz, no escuchó a esos que se burlaban de Él, al diablo tentándolo, o a la autocompasión. Jesús no escuchó al mundo, o a Sus propios sufrimientos de mente y cuerpo. No, desde la Cruz, Jesús escuchó al Padre—aunque su Padre parecía estar lejos. Él escuchó en fe, creyendo en el silencio de Su Padre, el Amor profundo le habló y lo dirigió. Se perdió a Sí mismo, al escuchar al Padre en Amor—y con esto se apartó naturalmente del mundo, y del diablo gritándole. En nuestras vidas, debemos permitirle a Jesús, no nada más que viva en nosotros, sino que escuche en nosotros. Esto incluye apartar nuestra atención de las ideas del mundo, (las cuales, a menudo, son imágenes fabricadas) e incluso de nosotros mismos. Al poner nuestra atención en Jesús, unidos con Jesús escuchando en nosotros, nuestros corazones pueden ser abiertos a grandes misterios del Amor del Padre, incluso en medio de un mundo ruidoso y confuso. Su Amor puede llenar y callar nuestros pensamientos, emociones, cuerpo y corazón, si hacemos lugar para Él, si lo invitamos, lo esperamos y nos regocijamos en Él, cuando estamos conscientes de Su presencia. Cuando escuchamos, lo que podemos oír es silencio, pero al escuchar al silencio, escuchamos el trabajo misterioso del Espíritu Santo; y en tal atención amorosa hacia Él, Él puede abrirnos, llenarnos, guiarnos y transformarnos. Al mirar y escuchar al Amor de Jesús, en la presencia del Espíritu Santo en nuestras cruces, Jesús nos puede llenar con paz.

Jesús, ven y escucha en nosotros. Ayuda a que Tu Amor consuma todas nuestras facultades, cada parte de nuestro ser, cada relación que tenemos, cada aspecto de nuestras vidas. Amén.

VII

La pequeñez y la Cruz

Como un niño en los brazos de su madre
Así está mi alma en mí... (Salmo 131:2b)

'Les aseguro que si no cambian y vuelven a ser como niños, no podrán entrar al reino de los cielos.' (Mt 18:3) No puedes venir a Jesús en la Cruz, con una máscara. Ya que Jesús en la Cruz nos muestra la verdad—la verdad de nuestros pecados, la verdad de nuestra dignidad y la verdad de Su Amor. Debes venir a Él, puro y desnudo, tal y como eres en tu interior, como un niño pequeño y débil para poder recibir todos los dones que desea compartir, de Su Amor Crucificado. Para estar con Jesús en la vida de Su Cruz, es absolutamente necesario ser pequeño. Porque la vida de Su Cruz es tan grande, necesitamos su fuerza, Amor, obediencia, fe y esperanza para poder soportarla. Y únicamente podemos ser llenados con estos dones, si primero nos vaciamos de nosotros mismos. En la noche de la Cruz debemos de ser cargados por Dios, ya que está oscuro, y nosotros estamos ciegos y confundidos. Ser cargado por Dios significa que no caminemos por nosotros mismos—entregarnos y confiar. Significa permitirle levantarnos hacia Él, y dirigir nuestro sendero. Las ovejas más pequeñas son a las que carga el Buen Pastor. Y estas ovejas pequeñas están en sus brazos, más cerca de su Corazón. Debemos ser las ovejas más pequeñas, confiando en nuestro Pastor y morando en su Corazón. En esta clase de entrega, Él mismo puede hacer muchos milagros de gracia y de Amor en nosotros, y a través de nosotros.

Nuestro Señor es un gran Caballero. Él no forzó Su camino dentro del corazón de nadie. Él respeta el gran regalo de libertad, con el que nos dotó a cada uno de nosotros, porque

Él respeta grandemente nuestra capacidad para amar. Debemos ser pequeños, deseando permitirle abrirnos, desnudarnos, sanarnos, llenarnos. Sí, es Su trabajo, incluso, hacernos pequeños, pero debemos darle nuestros corazones con un pequeño 'sí' permitiéndole llenarnos con Su Amor. Es Su regalo, pero debemos querer recibirlo.

Dios es todopoderoso. Nosotros no lo somos. Pero lo que Cristo nos muestra en la Cruz, es que cuando damos al Padre nuestra nada, en obediencia, –cuando crucificamos nuestros deseos, y ponemos nuestro pequeño ser ante Él en Fiat—Él puede hacer grandes cosas en nosotros. Él puede vivir un gran Amor en nosotros. Estas cosas pueden no ser visibles, pero pueden cambiar al mundo. Él puede llenar nuestras vidas mundanas, diarias, con Su divino Amor, y eso le da Gloria y puede afectar profundamente al mundo. Todo lo que Él necesita es nuestro 'sí'. Jesús nos enseña esto desde la Cruz. En Su crucifixión estaba quieto, ya que sus manos y pies estaban calvados, y estaba casi completamente callado. En los ojos del mundo, Él era nada e hizo nada. Pero en los ojos del Padre, Él hizo todo y por consiguiente redimió al mundo. Todo esto que hizo fue obediencia y Amor. En Su obediencia y Amor en la Cruz, Dios, el Todopoderoso, podía hacer todo. Es verdad que en nuestra naturaleza pecadora somos muy débiles para obedecer y amar tan perfectamente como Jesús, pero esto es lo que estamos llamados a hacer. Y los medios de hacer esta tarea, aparentemente imposible, de obediencia y amor perfecto, incluso en la Crucifixión, es pequeñez y entrega completa de nosotros mismos a las Manos, Corazón y voluntad de Jesús Crucificado. Cuando nos vaciamos ante Él en humildad (y la humildad es la verdad: la verdad sobre Dios y la verdad sobre nosotros), entonces Él puede llenarnos con todo lo que necesitamos, y cargarnos para descansar en Su Corazón, a través de la tormenta de la Cruz. San Pablo escribe en Su

Carta a los Colosenses que Jesús 'por Su Sangre derramada en la Cruz, Dios establece la paz'. (Col 1:20) Y Jesús nos invita a vivir profundamente esa paz, incluso en medio de toda clase de tribulaciones. Él nos ofrece esta paz por Su Presencia y Su gracia con nosotros, en todo lo que encontramos en la vida. Su presencia es más grande que cualquier problema o tragedia en nuestra vida, ya que 'Él es más grande que nuestros corazones...' (1 Juan 3:20b)

Jesús nos invita a dormir en la barca con Él durante la tormenta. En el Evangelio de Mateo los discípulos le cuestionan a Jesús mientras estaban en la barca, ya que ellos temían por sus vidas en medio de la tormenta, mientras Jesús dormía. Jesús les contesta diciendo: 'Gente de poca fe, ¿por qué tienen miedo?' (Mt 8:26) La diferencia entre los discípulos y Jesús en esa situación es la clave de como sufrió Jesús en la Cruz. Los discípulos miraron la tormenta y se preocuparon por sí mismos. Ellos dijeron:

'Socórrenos, Señor, que nos hundimos.' (Mt 8:25) No se preocupaban tanto por Jesús, como por sus propias vidas. Pero Jesús no tenía miedo. Él no se fijó en la tormenta o en el miedo de Sus discípulos. Él miró al Padre, confiando en Él, como un niño pequeño confía en su padre o en su madre. Sus ojos y Su Corazón estaban con Su Padre en fe y Amor, y por eso estaba con tanta paz que podía descansar, dormir, en medio de todo. En la Cruz Jesús sufrió terriblemente, pero Él no miró a la tormenta o a Sus sufrimientos. Él miró confiadamente al Padre, con la fe y obediencia de Su Corazón, incluso cuando parecía que Su Padre se había ido. Y esto lo llevó a través de todo. Sí, El gritó: 'Dios mío, Dios mío, ¿por qué Me has abandonado?' (Mt 27:46) Pero el final de este Salmo, el cual el Corazón de Jesús dijo, contiene una gran esperanza. El fondo de Su Corazón descansaba en la voluntad del Padre y en Su Amor invisible, no sentido, pero creído. En esto, Jesús encontró 'paz por la sangre de Su

Cruz.' Si como un niño, podemos mirarlo en medio de nuestro sufrimiento, Él también puede darnos esta paz. Él desea darnos este regalo—simplemente debemos ir desnudos ante Él, y pedírselo.

Podemos aprender mucho de los bebés. Un bebé pequeño duerme mucho, sin preocuparse sobre su vida, pero confiando completamente en sus padres. Cuando está despierto, sus ojos están puestos en su madre, mirándola moverse en toda la habitación. Si ella no es visible, algunas veces se sienta y descansa. A veces llora, y cuando su madre lo toma en sus brazos, se calma. Su vida es estar con su madre. Esta simplicidad de un niño es santa. Un bebé es inocente, viviendo una vida de recibir lo que necesita de aquellos que lo cuidan—nada más. Y así es como Dios nos creó para vivir con Él, como niños recibiendo todo lo que necesitamos, y viviendo en confianza. Cuando Dios creó a Adán y a Eva, así es como vivieron con Él en el Edén. La Biblia nos dice que Dios puso todo, en la tierra, a su disposición. Pero Adán y Eva pecaron, codiciando conocimiento. Ellos no querían vivir una vida simple de confianza en Dios. Ellos desobedecieron porque dejaron de confiar en su Padre y en Su Amor. Cuando Jesús vino, Él vivió la perfecta relación de confianza con Su Padre, la que Dios al principio pretendía para los humanos. Él nos ensenó en Mateo 6:25-34[3] que deberíamos

---

[3] Mateo 6:25-34: Por eso les digo: No anden preocupados por su vida: ¿Qué ropa nos pondremos? ¿No es más la vida que el alimento y el cuerpo más que la ropa? Miren como las aves del cielo no siembran, ni cosechan, ni guardan en bodegas, y el Padre celestial, Padre de ustedes, las alimenta. ¿No valen ustedes más que las aves? ¿Quién de ustedes, por más que se preocupe, puede alargar su vida? Y ¿Por qué preocuparse por la ropa? ¡Miren cómo crecen los lirios del campo! No trabajan ni tejen, pero créanme que ni Salomón con todo su lujo se puso traje tan lindo. Y si Dios viste así a la flor del campo que hoy está y mañana se echará al fuego, ¿no hará mucho más por ustedes, hombres de poca fe? ¿Por qué, pues, tantas preocupaciones? ¿Qué vamos a comer?, o

La pequeñez y la Cruz

vivir como niñitos de Dios, buscándolo y confiando en Él, por el resto de nuestras vidas. Esta pequeñez nos permite vaciarnos de nosotros mismos, y permitirle a Dios darnos todos los grandes regalos que Él desea. Le permite darnos la gracia que necesitamos en nuestra cruz, para encontrar unión con Jesús. Tal confianza nos permite vivir el Salmo 131 en medio de la Cruz. Es para rezar, en medio de nuestras tinieblas y sufrimientos, la oración: 'Mi corazón, Señor, no es engreído ni mis ojos soberbios. No he pretendido cosas grandiosas ni he tenido aspiraciones desmedidas. Al contrario, tranquila y en silencio he mantenido mi alma, como un niño en los brazos de su madre. Como un

---

¿qué vamos a beber?, o ¿con qué nos vestiremos? Los que no conocen a Dios se preocupan por esas cosas. Pero el Padre de ustedes sabe que ustedes necesitan todo eso. Por lo tanto, busquen primero el Reino y la Justicia de Dios, y esas cosas vendrán por añadidura. Ni se preocupen por el día de mañana, pues el mañana se preocupará de sí mismo. Basta con las penas del día.

niño que acaba de mamar, así está mi alma en mí. Espera, Israel, en el Señor desde ahora y por siempre.' (Salmo 131)

La vida de un niño está llena de esperanza. Si podemos ser pequeños con Jesús en nuestras vidas crucificadas con Él, Él puede llenarnos con la gran esperanza de la Resurrección, de esperanza en la realidad verdadera de nuestra vida eterna por venir, con Él.

¿Cuál es la pequeñez que Jesús nos llama a vivir con Él en la Cruz? Jesús nos muestra que pequeñez es pureza de corazón—es la humildad de la Verdad delante de Dios de quien eres. Es tener un corazón suave y dócil en las Manos de tu Padre, el cual Él moldeará, le dará forma, lo guiará. Es tener nada propio, pero todo de Él, en Él. Es tener cada necesidad provista por Él antes que sepas que es una necesidad. Es no preocuparte, o aún no pensar mucho acerca de nosotros o de la vida misma—es simplemente vivir confiada. Es no tener miedo o vergüenza en Sus Brazos,

delante de su Rostro, aunque estés desnudo—
porque tú saliste de Su Corazón en el Amor,
fuiste formado por Sus Manos y Él te vestirá.
Es tener un corazón dispuesto a escuchar, un
corazón muy obediente. Es obedecer cada
deseo Suyo sin pensar, simplemente
regocijándote en Su Amor, deseando agra-
darlo y confiando en que Él sabe, quiere y te
dará lo mejor. Pequeñez es decidir nada por
sí mismo, sino pedirle Su permiso para todo.
Es mirar solamente a Él para que te conforte
y ayude en el sufrimiento—únicamente Él
puede satisfacer tu corazón. Es no tener
miedo nunca—ya que cuando estás con esa
persona tan fuerte Quien te ama tanto, nada
puede salir mal. Él protege, Él guía, Él da, Él
ama. Es hacer todo para complacerlo—comer
lo que Él quiere, jugar lo que Él quiere. Es
olvidarte a sí mismo en Él. Es dormir
calmadamente en su regazo durante la
tormenta. Es fe; es confianza; es sinceridad y
verdad; es un amor simple y libre.

VIII

La Conyugalidad y la Cruz

El Amor desea estar con el Amado. Jesús mismo nos da el ejemplo perfecto de esto, en Su relación con Su Padre. Jesús dice en Juan 14:11: Créanme: *'Yo estoy en el Padre, y el Padre está en Mí.'* Y como nosotros somos Sus amados, Él nos invita a estar siempre con Él. *'Yo los he amado a ustedes como el Padre me ama a mí. Permanezcan en Mi amor.'* (Jn 15:9) El amor verdadero busca siempre estar con el objeto amado. Y si el amado sufre, no solo desea estar con él mientras sufre, sino también tomar esos sufrimientos para sí mismo. Esto es lo que Jesús hizo por nosotros en la Cruz. Así es como Él amó—Él se vació a Sí mismo para, no estar con nosotros no solo en nuestros sufrimientos, sino para poder tomar nuestros sufrimientos para Sí mismo.

Y esta es la clase de unión a la que nos está invitando a entrar con Él, en la Cruz. En el matrimonio, este deseo de perfecta unión fiel, sin importar las circunstancias, es vista en los votos que intercambian el esposo y la esposa. Ellos prometen amarse el uno al otro en tiempos buenos y en tiempos malos, en la riqueza y en la pobreza, en la enfermedad y en la salud. Esta es la clase de amor que deberíamos vivir siempre con Jesús. Deberíamos de amar a nuestro amado Salvador, tanto, para que deseemos estar con Él no únicamente en la alegría, sino también en Sus sufrimientos, especialmente en Sus sufrimientos cuando nos más necesita. Deberíamos desear no únicamente estar con Él, sino que compartir con Él en estos sufrimientos para que no esté solo. El Amor debería ser la fuerza que nos lleve a través de nuestras cruces en la vida—amor por Jesús, Quien está permitiéndonos compartir un poquito con Él, en todo lo que soportó para salvarnos, y salvar a toda la humanidad.

Nuestras cruces son nuestros lugares de unión con nuestro Amado Jesús. Son besos de Sus heridas en nuestra vida. Cuando un hombre y su esposa se unen en santo amor conyugal, están desnudos. Ellos desean que nada interrumpa la unión perfecta de sus cuerpos y de sus almas. Jesús viene a cada uno de nosotros así, en profundo Amor conyugal, en Amor crucificado. La Cruz es nuestra cama nupcial. Nuestras heridas descubiertas se encuentran con las Suyas en esta noche oscura de alegría conyugal. Él se hace uno con nosotros cuando toma nuestras heridas en Su Propio Cuerpo y Alma, y cuando Él comparte con nosotros un poco de la copa amarga que tomó del Padre. Él sufrió para sanarnos. Cuando aceptamos el sufrimiento en Amor, no nada más podemos recibir esta sanación, sino que también podemos suavizar Su dolor. Nuestro Amor es un diálogo. Él da, nosotros recibimos. Nosotros damos, Él recibe. Él se hizo pobre para hacernos ricos—ricos en Amor, y ricos en vida eterna en Su Reino

Celestial. Cuando nos hacemos pobres por Él, con Él, Él puede llenarnos con todos Sus dones aquí en la tierra, y con el gran regalo de vida eterna con Él. Esta es nuestra esperanza en la Cruz –la esperanza de unión profunda con nuestro Salvador misericordioso—Él, Quien sufrió más que cualquier otro hombre en la tierra. Esta es nuestra esperanza en la Cruz, que el *'Hombre de dolores'* (Is 53) pueda convertirse en nuestro Esposo de Amor.

Miren como nos amó Jesús en la Cruz. Miren como nos propone, invitándonos a entrar a un matrimonio de Amor conyugal profundo con Él. Él sufrió terriblemente, y dio Su Vida—Él nos dio todo para poder abrirnos, y así recibir el regalo de Él mismo. Él se cubrió de sangre, para lavar nuestras lágrimas. La unión Perfecta con Cristo debe llevarse a cabo en el camino al Calvario, ya que esta es la senda que lo hizo 'uno' con nosotros. Cuando un esposo y su esposa se casan, el hombre la lleva a su casa; su familia se conviertede ella; su comida le pertenece a ella; su cama le pertenece a ella; su vida le pertenece a ella. Cuando Jesús toma un alma para Sí mismo, la lleva a su cama de la Cruz; ella come de Su comida de heridas amargas con Él; comparte en Su vida de tinieblas, soledad y abandono. Sin embargo, Su familia se convierte en de ella—Su Padre celestial es su Padre; Su reino Celestial es su Reino para la eternidad. Ellos comparten Cruces, y también comparten coronas. Más profundo que la unión de un esposo y esposa humanos, su alma es una con su Amado Señor. Esta unión de Amor Crucificado está llena de alegría, ya que con cada pequeño sufrimiento que abrazamos en fíat, estamos mucho más profundamente unidos con Él—¡uno con el Hijo de Dios! No hay alegría más grande que esa.

Cuando recibimos el beso de las heridas de Jesús en nuestras vidas, que nuestros corazones se regocijen de que Él nos ama lo suficiente, para compartir la parte más profunda de Su Amor con nosotros—Su

Amor sufriente. Y que no nos asusten nuestros sufrimientos—externos o internos—ya que tenemos un Esposo Quien nos cuida más de lo que podamos entender. Como Cristo se hizo en un cuerpo con nosotros en la Encarnación, y al tomar nuestros pecados y sufrimientos para Sí mismo, así como se hace uno con nosotros en el regalo de Su cuerpo y Corazón en la Eucaristía, así también nosotros nos convertimos en un cuerpo con Él, al compartir en Su Cruz. Él nos da Su cuerpo en la Eucaristía, y nosotros le damos nuestro cuerpo para que sea uno con el Suyo. En esta unión hay tan dulce paz y alegría, aunque haya sufrimiento y pérdidas, porque en esta unión con Jesús hemos ganado aquello para lo que fuimos creados: una unión perfecta de Amor con el Padre. Él, nuestro Esposo perfecto, coloca en nuestros corazones Su unión de Amor con el Padre. Sí, Él nos da todo esto si simplemente decimos 'sí', abandonándonos a Su voluntad.

La Conyugalidad y la Cruz

San Pablo escribe de una forma muy hermosa acerca del Amor Conyugal de Jesús por nosotros, desde la Cruz: *"Maridos, amen a sus esposas como Cristo amó a la Iglesia y se entregó a sí mismo por ella. Y la bañó y la santificó en la palabra, mediante el bautismo de agua. Porque, si bien es cierto, deseaba una Iglesia espléndida, sin mancha ni arruga ni nada parecido, sino santa e inmaculada, él mismo debía prepararla y preséntasela. Del mismo modo los maridos deben amar a sus esposas como aman a sus propios cuerpos. El que ama a su esposa se ama a sí mismo. Y nadie jamás ha aborrecido su cuerpo; al contrario, lo alimenta y lo cuida. Eso es justamente lo que Cristo hace por la Iglesia, pues nosotros somos parte de su cuerpo. La Escritura dice: Por eso el hombre dejará a su padre y a su madre para unirse con su esposa, y los dos no formarán sino un solo ser. Este misterio es muy grande, y yo lo refiero a Cristo y a la Iglesia."* (Ef 5:25-32)

Jesús nos ama como un Esposo. Que podamos abrir nuestros corazones en entrega desnuda ante Él, para recibir este Amor que salva, y permitirle que transforme nuestras vidas. Que podamos rezar con cada latido de nuestros corazones: "¡Maranatha! ¡Ven, Señor Jesús![4]"

---

[4] Ap 22:20

IX

María del Calvario

"Junto a la Cruz de Jesús estaba Su Madre." (Jn 19:25)

María del Calvario. ¿Cuál era Su papel en la vida del Amor crucificado de Su Hijo? Ella estuvo junto a la Cruz. Y con esto dijo sí con Él. Estuvo junto a la Cruz, como un signo de fe de que la redención de Dios por la humanidad era más fuerte que la muerte. Estuvo junto a Él en esperanza, la esperanza de darle seguridad a Su Hijo en Su aflicción y en la esperanza de la Resurrección, de la conquista del Amor. Estuvo ahí en Amor, absorbiendo el asombro del Amor misericordioso de Su Hijo y manteniendo Su propio corazón abierto en abandono con Él, para que el Amor que recibiera, lo pudiera ofrecer de vuelta a Él. María no podía tomar el sufrimiento de Jesús en el Calvario, y aunque hubiera podido, no creo que lo hubiera hecho. No hubiera interferido en el plan divino de Dios de Amor y de Salvación. Su permanencia junto a la Cruz, no fue un consentimiento al sufrimiento de Jesús en la apatía, sino un consentimiento en lo más profundo de Su voluntad, a todo lo que Su Hijo y Su Padre habían querido. No era un deseo de ver a Su Hijo sufrir, sino un deseo por redención eterna, más grande que este sufrimiento en la vida. Era el deseo por la conquista del Amor.

Aunque Jesús estuviera rodeado de tinieblas y terror, la presencia de Su Madre tuvo que haber mantenido un poquito de luz para Él, aunque no siempre la mirara. María estuvo al pie de la Cruz de Su Hijo con un fíat, el mismo fíat que había dado 33 años antes cuando el ángel le había pedido que fuera Su Madre. Ella crió a Jesús en una atmósfera de fíat, en un hogar lleno de abandono amoroso a la voluntad del Padre Amado. Ella lo crió para ser obediente. Lo crió para seguir siempre el llamado del Amor. Si Jesús hubiera abrazado la Cruz, sin la hermosa educación que le dio Su Madre, no es la pregunta, ya que Él vino a la tierra a redimir al hombre, y no 'necesitaba' aprender de Su Madre a hacerlo. Pero su educación fue un cultivo de Su Corazón—una preparación para Su muerte, de alguna manera; La educación que Ella le dio, entrelazó Sus Corazones en un fíat, para que en Su Pasión Ella tuviera el valor de estar al pie de Su Cruz, Su Corazón crucificado mientras lo miraba sufrir, dando un fíat con Él. Su presencia tenía que ser una profunda consolación, aunque no para Sus emociones, sino a Su voluntad que sabía que Ella estaba ahí. María estuvo al pie de la Cruz de Jesús, no únicamente cuando vivió y sufrió ahí, sino incluso después de haber muerto. Ella debió haber sentido en ese momento, una unión profunda con los sufrimientos interiores de Su Hijo, de abandono de Su padre en la Cruz, sin embargo, no se compadeció de Sí misma en este dolor de Su Corazón. No, Ella debe haber sacado una gran fuerza y esperanza del fíat de Su Hijo; debió haber mirado como Él abrazó la Cruz en tal Amor de esperanza, que no dudó de que Su muerte fuera el final. Tal vez no sabía los detalles de Su Resurrección, pero Ella, en gran fe, creyó que el Amor y el plan salvífico de Dios eran más grandes que el Amor rechazado y la muerte que Su Hijo sufrió.

¿Y cuál es el papel de María en nuestras vidas, ya que estamos llamados a compartir en Amor Crucificado con Su Hijo? Es el mismo. Igual que María estuvo al pie de la Cruz de Jesús, Ella está al pie de la nuestra. Así como Ella mantuvo Sus ojos y Su corazón puesto en la esperanza de la Resurrección, y en conquistar el Amor en la Pasión de Jesús, así también tendrá la Luz de la Esperanza en la fuerza del Amor de Dios, y el regalo de Vida eterna en nuestra noche. Ella es nuestra Lámpara de esperanza y Amor. En lo más oscuro de nuestras noches, saber de Su presen-

cia, amor y fidelidad, es una con-solación inconcebible para nuestros corazones. Ella vivió en las tinieblas con Jesús, y vivirá con nosotros. Ella dijo fíat en Su corazón con Jesús, y dirá fíat con nosotros. María era la Madre de Jesús, y Él nos la dio a nosotros. Cuando nos hacemos uno con Él en la Cruz, en Amor Conyugal, nuestra relación con Ella (la Madre de nuestro Esposo Crucificado) se intensifica. Ella también es nuestra Madre. Así como Ella crió a Jesús en una atmósfera de Amor, de fíat y de obediencia al Padre, también será nuestra Madre y maestra. Así como Jesús la miró desde la Cruz, también nosotros podemos hacerlo. Su corazón, tan puro, es nuestra Luz. Ya que la Luz y la plenitud del Amor de Dios reina en Su corazón puro, lleno de fíat. Así como María no le quitó el sufrimiento a Su Hijo, tampoco quitará el nuestro. Ya que este sufrimiento es nuestro medio de unión con Su Hijo, es un beso de Amor del Padre para hacernos, en Amor, imágenes de Su Hijo. Por eso, Su presencia puede darnos esperanza cuando sabemos que ella ruega por nosotros. Cuando está más oscuro, y no podemos ver o sentir, sabemos que Su cuidado Maternal está junto a nosotros. Sabemos que ruega por nosotros. Y aún si creemos que no podemos soportar más, Ella cree por nosotros, ya que estuvo al pie de la Cruz de Su hijo, y ha visto el poder de la gracia y del Amor misericordioso de Dios. Cuando las cosas están muy sombrías, y no podemos ni siquiera imaginar Su cara, debemos decir Su nombre, una y otra vez—'María, María, María, Ven, Ayúdame.' Sabemos que Ella está con Dios; sabemos que nos ama, nos cuida y ruega por nosotros; y sabemos que su ruego es poderoso. Así como la Madre nunca aban-dona a Su Hijo, Ella nunca nos abandonará, Sus pequeños y amados hijos. Que Su fidelidad nos ayude a ser fieles. Que el Amor de Su Hijo nos ayude a decir fíat en fe con Ella. Amén. Aleluya.

Parte 2

Reflexiones de Jesús Camino a Su Cruz, Para un Alma Buscando Unión Perfecta con Él

X

La Pasión, Cruz y Muerte de Jesús

1.) Jesús se da a Sí mismo en Su Regalo de la Eucaristía para Nosotros

"Mientras comían, Jesús tomó pan y, después de pronunciar la bendición, lo partió y lo dio a sus discípulos, diciendo: "Tomen y coman; esto es mi cuerpo." Después, tomando una copa de vino y dando gracias, se la dio, diciendo: "Beban todos, porque esta es mi sangre, la sangre de la Alianza, que es derramada por una muchedumbre, para el perdón de sus pecados." Mt 26:26-28

"Después de decir estas cosas, Jesús se conmovió y dijo con toda claridad: 'En verdad les digo: uno de ustedes me va a entregar.'" Jn 13:21

"Uno de ellos, el discípulo a quien Jesús más amaba, estaba recostado junto a él en la mesa." Jn 13:23

"Yo soy el Pan de Vida. El que viene a mí nunca tendrá hambre, el que cree en mí nunca tendrá sed." Jn 6:35

"Yo soy el pan vivo bajado del cielo; el que coma de este pan vivirá para siempre. El pan que yo daré es mi carne, y la daré para vida del mundo. En verdad les digo: si no comen la carne del Hijo del Hombre, y no beben su sangre, no viven de verdad. El que come mi carne y bebe mi sangre, vive de vida eterna, y yo lo resucitaré en el último día. Mi carne es comida verdadera, y mi sangre es bebida verdadera. El que come mi carne y bebe mi sangre permanece en mí, y yo en él." Jn 6:51, 53-56

Jesús, "¿Qué significa compartir una copa? Es un signo de intimidad entre la gente, y un signo de confianza. Cuando dos personas están consumiendo la misma substancia, están unidos en cierta forma. Pero ¿qué más profundamente íntimo, es cuando una madre alimenta a su hijo o hija? Ella comparte con su hijo una comida que es ella misma. Sin embargo, en la comida Eucarística que compartí con Mis discípulos, les di mucho más que simplemente unión a través de compartir un pan y una copa, incluso si la comida que les di era Yo mismo. En la Eucaristía les di Mi cuerpo y sangre que sería derramada por ellos, para el perdón de los pecados. La Eucaristía habría tenido muy poco significado sin Mi Cruz. Yo di Mi Cuerpo como un regalo para que fuera herido por ellos, para poderlos sanar. Di todo Mi Amor para ser rechazado y abandonado por su debilidad, para poder darles fuerza. Los llamé para ser uno Conmigo en la Eucaristía, para derramar su propia sangre Conmigo, por Mí, en Amor.

La unión a la que los llamo Conmigo, a la cual te llamo, es una unión viva de vaciamiento total como regalo para el Amado. Es una unión a la que te llamo a entrar conmigo, mientras te consumo en Mi alianza de Amor; y es una unión a la que te llamo a entrar y que vivas Conmigo en la Cruz, mientras juntos somos heridos por amor a tus hermanos y hermanas en el mundo. El Amor que pongo en ti, en la Eucaristía, es un amor roto, un Amor crucificado; un Amor que ama tanto que incluso está dispuesto a ser herido profundamente, simplemente por Amor. La alianza a la que te atraigo Conmigo en la Cruz, en la Eucaristía, es una alianza de Amor que vive en ti. Tu mueres conmigo, por Mí, en Mí, cuando recibes Mi Cuerpo y Sangre Eucarísticos, y Yo—tu Esposo Amado—vengo a vivir Mi vida en ti.

Todo lo que necesitas para vivir la vida de la Cruz, a la cual te he llamado, lo recibes por primera vez cuando Me recibes en la Eucaristía. Ahí estaba tu fuerza, toda la claridad, la gracia, y respuestas que necesitabas para tu vida de ahora. Y cada vez que me recibes en la Eucaristía, renuevo Mi alianza de Amor contigo—ofreciéndote un Amor tan grande que está dispuesto a ser herido profundamente. Sin embargo, Mi Eucaristía puede vivir siempre en ti cuando dices fíat a Mi Cruz y recibes profundamente en tu corazón Mi vida y Amor Crucificado. Mi Amor Crucificado es un Amor Eucarístico—un Amor que une, sana y fortalece. Y Mi Cruz vive en Mi Corazón Eucarístico. Ábrete a ti mismo para vivir diariamente Conmigo Mi Amor Eucarístico Crucificado. Y Yo te bendigo en Mi Amor. Amén."

2.) Jesús Ora y Sufre en el Huerto

"Y les dijo: 'Siento una tristeza de muerte; quédense aquí conmigo y permanezcan despiertos.' Fue un poco más lejos y, tirándose en el suelo hasta tocar la tierra con su cara, hizo esta oración: 'Padre, si es posible, aleja de mi esta copa. Sin embargo, que se cumpla no lo que yo quiero, sino lo que quieres tú.'" Mt 26:38-39

"Entonces se le apareció un ángel del cielo que venía a animarlo. Entró en agonía y oraba con más insistencia, y su sudor se convirtió en grandes gotas de sangre que caían hasta el suelo." Lc 22:43-44

"Me siento turbado ahora. ¿Diré acaso: Padre, líbrame de esta hora? Pero no. Pues precisamente llegué a esta hora para enfrentar esta angustia." Jn 12:27

Jesús, **"Estaba tan solo esa noche en el huerto. La profundidad de Mi soledad es algo que no puedo describirles con palabras. Es algo que sabrás Conmigo, cuando abra este misterio de sufrimiento en ti. Mi soledad consumió cada parte de Mi Ser. Sufrí como un humano, tan abandonado e incomprendido por Mis amigos. Sufrí** como el Hijo Divino, porque aunque Mi Padre mandó a un ángel para confortarme, Yo ya no podía ver Su brillante Cara, porque la oscuridad de la Noche ya había empezado a llenarme. Sufrí como Salvador, tomando en Mí mismo la gran soledad de los pecadores, separado de Mi Padre –una soledad que parecía ser insaciable, cuando sus corazones estaban tan cerca de recibir el perdón y el Amor curativo de Mi Sangre. Y sufrí como Hijo, porque sabía los sufrimientos que Mi Madre tenía que soportar, y conocía Su deseo de confortarme, el cual no podía realizar. Sí, Yo sufrí soledad por Ella, y por todos Mis pequeños justos en este mundo. Sufrí como Esposo, por Mi Esposa la Iglesia, y por todos sus miembros quienes serían incomprendidos, abandonados y rechazados por Mi culpa. Sufrí también de muchas otras formas. Sufrí disgusto por todos los pecados más malos, inhumanos y horrendos que la humanidad había o podría cometer. Sufrí especialmente por Mis pequeños, los de corazón tierno, que tendrían que soportar tal crueldad. Sufrí la culpa de toda la humanidad por sus pecados, cuando miré lo que iba a abrazar en la Cruz, al tomar sus pecados sobre Mí. Sufrí tentaciones por las que sentí repugnancia cuando me vencieron; miré mucho, muy profundo, dentro de las tinieblas a las que la humanidad había invitado a reinar, a través del pecado, en el mundo bueno de Mi Padre. Y lo que más me entristeció fue que vi a muchos de Mis hijos, quienes estaban perdidos, quienes rechazarían el regalo de sanación de Mi Amor y perdón. He visto a todos los que se alejarían de Mí, sin culpa—simplemente porque no conocían la verdad. Ellos son víctimas Conmigo, aunque no Me conocen. Y necesito gente en Mi Iglesia para llevar Mi sangre y Amor crucificado—Mi Amor herido abierto por ellos –a ellos. He visto todo el odio, tinieblas y crueldad que tendría que soportar, y aunque Mi Corazón dijo fíat a la voluntad de Mi Padre en todo esto, Mi cuerpo, Mis sentidos, Mis emociones y Mi mente entraron en pánico, con tal miedo, que sangre brotó por Mis poros, goteando hasta el suelo. Sin embargo, Mi sudor de sangre no solo era un signo de Mi angustia—también era un signo de Mi gran Amor. Mi Corazón estaba lleno con un gran Amor por toda mi gente, al pasar ante los ojos de Mi Corazón. Tuve la tentación de pensar que todo Mi gran sufrimiento no les ayudaría, y Mi Corazón luchó con fuerza para fíat, para creer, para confiar y para amar más aún. Y Mi Corazón, superando todos mis otros sentidos, amó tan grandemente, que envío Su sangre como un beso para el mundo—como una promesa de que daría y derramaría toda, cada gota, por aquellos a quienes amé.

Mi Sangre no fue desperdiciada en el suelo esa noche. No, habló muy fuerte a través de los tiempos de que Yo, el Salvador del mundo, amé a Mis hijos, y que daría todo lo que era, hasta la muerte, para el perdón de sus pecados y para devolverlos a Mi Padre. Sí, Mi sangre en el suelo esa noche respondió a toda la maldad que Me tentó y que Mi Corazón conquistaría. Estaba muy débil y cansado por Mi oración intensa, pero Mi Padre envió a un ángel de Su Amor para fortalecerme. Él no pediría más de Mí, de lo que era físicamente capaz de hacer por Él. El ángel fortaleció Mi cuerpo, para que pudiera contener todo el amor brotando de Mi Corazón.

Tú no tienes que pasar la noche orando tan intensamente como yo lo hice, ya que Yo lo hice por ti. Pero tú puedes abrir tu corazón, tu vida, y permitirme rezar por ti en Mi oración de Getsemaní dentro de ti. Tú no sufrirás lo mismo que Yo, permitirás que sufra dentro de ti. Esa es una gran diferencia. Tú no sufrirás tu propia cruz, en cambio puedes permitir a Mi Cuerpo, Mi Corazón, Mi Espíritu y Mi Amor sufrir en ti. Con esto, Mi sufrimiento en ti, puedo sanar y salvar al mundo. Ya sufrí todo y di Mi vida por la salvación de todos. Pero con tu fíat, harás para ellos visible ese sufrimiento, para que puedan conocerlo, enamorarse de él y recibir todas las gracias que deseo darles por medio de él. Más importante aun, al permitirme compartir en ti todo este sufrimiento, estaremos profundamente unidos en él. Y Se, que como mi esposa, deseas esto profundamente. Mi sufrimiento en ti dará fruto para ayudar al mundo entero; y aún si no lo hiciera, tu unión a Mí en él, sería suficiente fruto para hacer que todo lo que he hecho en ti 'valga la pena'. Porque he salvado tu alma por el camino del Amor Crucificado en tu vida. Ahora descansa, y recibe profundo dentro de tu corazón, todo lo que te doy, atesorándolo en amor. Amén.

Y sí, Yo te bendigo en tu obra de reposo en el Amor."

3.) La Traición a Jesús

"Jesús, sabía lo que le iba a pasar. Se Adelantó y preguntó: ¿'A quin buscan?' Contestaron: 'A Jesús de Nazaret.' Jesús dijo: 'Yo soy.' (Judas, el traidor, estaba también en medio de ellos.) Cuando Jesús dijo: 'Yo soy', retrocedieron y cayeron al suelo." Jn18:4-6

"Estaba todavía hablando cuando llegó Judas, uno de los Doce, y con él un buen grupo armado de espadas y de palos, enviados por los jefes de los sacerdotes y por las autoridades judías. Pues bien, el traidor les había dado esta señal: 'Al que yo salude de un beso, ese es; arréstenlo.' Y enseguida se acercó a Jesús y le dijo: 'Buenas noches, Maestro', y lo besó. Pero Jesús le dijo: 'Amigo, haz lo que vienes a hacer.'" Mt 26:47-50

"Jesús dijo a Pedro: 'Coloca tu espada en su lugar, ¿acaso no beberé la copa que mi Padre me da a beber?'" Jn 18:11

Jesús, **"Un beso es un signo profundo de afección. Y por eso, cuando Mi discípulo amado uso este signo de amor para traicionarme, Mi Corazón se entristeció profundamente—no por Mí mismo, sino** por Mi amigo quien había permitido que el engaño se apodere profundamente de su alma. Mi crucifixión no fue por culpa de Judas, ya que los judíos habían planeado matarme desde hacía algún tiempo. Pero su traición hacia Mí, fue su pecado, un pecado que se apoderó de su conciencia con tanta fuerza, que le costó la vida. Como desee qué su orgullo le hubiera permitido sentir pena, admitiendo su falta, para recibir Mi Amor que perdona y sana. Como anhelé guiarlo al pie de Mi Cruz con Juan, para mostrarle cuanto lo amé y para mostrarle al mundo qué tan grande es Mi perdón. Pero él no Me permitiría amarlo de esta forma, y eso afligió a Mi corazón, más que cualquier otra cosa. Yo, como Salvador, habría deseado que él hubiera estado arrepentido al lado de Juan, al pie de la Cruz. No pienses nunca que he despreciado a Judas por lo que hizo. No, Yo siempre amé a los que me perseguían, y especialmente a este hermano Mío. Mi sufrimiento más grande en su traición no fue porque Mi Amor fue rechazado, y esto me lastimó. No, Mi sufrimiento más grande fue que por su debilidad y orgullo Judas rechazó mi Amor y así se condenó a sí mismo. No te diré lo que pasó con el alma de Judas, pero te diré que es muy duro para mi Amor salvar a una persona quien se condena a sí mismo –quien no se siente capaz de recibir Mi perdón, o quizá no lo desea. Estas almas oscuras son las que más compadezco. Y te pido que las compadezcas Conmigo. En esa noche oscura, Yo conocía el camino que Me esperaba, y Mi Padre me dio la fuerza para caminar hacia adelante, abrasándolo, y abrazando su voluntad, en el Amor. Sin embargo, Mi alma estaba más afligida por todos Mis hermanos parados delante de Mí, en ese momento, tan superados por las mentiras y el odio del Diablo, que no pudieron ver la verdad de Mi Amor. Sin embargo amé profundamente a estos hombres, y cuidé cada una de Mis palabras y pasos, para que tal vez por su persecución hacia Mí, ellos pudieran ver su error y recibir Mi Amor de perdón. Morí por Amor a ellos, para salvarlos de la condenación eterna. Te pido que ames a los que te persiguen—a aquellos que persiguen Mi vida y Mi Amor en ti, con la misma fuerza del Amor gentil que mostré a Judas, esa noche.

Como dije, Judas no causó Mi muerte. Y tampoco los judíos que así lo deseaban, incluso lo planearon. Yo di libremente Mi vida en el Amor, permitiendo que los pecados del mundo entero Me aplastaran, y Me mataran. Permití eso para que Mi Amor pudiera triunfar, y sanar a aquellos quienes Me mataron. Y por eso te pido que, por favor, le permitas a Mi perdón que viva así de profundo en ti. Te pido que ames mucho y llores por aquellos que Me crucifican en ti. Y que tus lágrimas de Mi Amor de perdón cambien sus corazones, y que también los encamine a la salvación. Te bendigo con Mi Corazón quebrantado, desde el cual recibes la fuerza, humildad y el amor que necesitas para vivir Mi Amor misericordioso. Amén."

4.) Las pruebas de Jesús

"Fue maltratado y él se humilló y no dijo nada, fue llevado cual cordero al matadero, como una oveja que permanece muda cuando la esquilan." Is 53,7

"Después algunos se pusieron a escupirlo. Le cubrieron la cara para pegarle, mientras le decían: 'Adivina quien fue.' Los sirvientes lo abofeteaban." Marcos 14:65

"Pero Jesús se quedó callado." Mt 26:63

"Entonces, el Sumo Sacerdote le dijo; 'En nombre de Dios vivo, te mando que nos contestes: ¿Eres tú el Cristo, el Hijo de Dios? Jesús le respondió: Así es, tal como acabas de decir; yo les anuncio además que a partir de hoy ustedes verán al Hijo del Hombre sentado a la derecha del Dios Poderoso y viniendo sobre las nubes.'" Mt 26:63-4

"Jesús compareció ante el gobernador, que le preguntó: ¿Eres tú el rey de los judíos? Jesús contestó: 'Tú lo dices.'" Mt 27:11

"Pero él no contestó a ninguna pregunta, de modo que el gobernador no sabía que pensar." Mt 27:14

"Le dijeron: 'Dinos si tu eres el Cristo.' Jesús respondió: 'Si se los digo, ustedes no me creerán, y si les pregunto algo, no me van a contestar...'" Lc 22:67,68

"Por eso le hizo muchas preguntas, pero Jesús no le contestó nada." Lc 23:9

"El Sumo Sacerdote preguntó a Jesús acerca de sus discípulos y de su enseñanza. Jesús contestó: 'Yo he hablado abiertamente al mundo. He enseñado en la casa de oración y en el Templo, en los lugares donde se reúnen todos los judíos. No he hablado nada en secreto. ¿Por qué me preguntas a mí? Pregúntales a los que me han escuchado: ellos saben lo que yo he enseñado.' Al oír esto, uno de los policías que estaba allí dio a Jesús una bofetada en la cara diciendo: ¿'Es la manera de contestar al Sumo Sacerdote?' Jesús contestó: 'Si he hablado mal, muéstrame en qué, pero si he hablado bien, ¿por qué me pegas?'" Jn 18:19-23

"Volvió al tribunal y preguntó a Jesús: ¿'De dónde eres tú?' Pero Jesús no le contestó palabra. Por lo que Pilato le dijo; ¿'No me contestas a mí? ¿No sabes que está en mi mano dejarte libre o mandarte crucificar?' Jesús respondió: 'Tú no tendrías ningún poder sobre mí, si no lo hubieras recibido de lo Alto. Por eso, el que me entregó a ti tiene mayor pecado que tú.'" Jn 19:9-11

"Pilato volvió a entrar al tribunal, llamó a Jesús y le preguntó: ¿'Eres tu el Rey de los judíos?' Jesús le contestó: ¿'Viene de ti esta pregunta o repites lo que otros te han dicho de mí?' Pilato contestó: ¿'Soy judío yo? Tu pueblo y los jefes de los sacerdotes te han entregado a mí. ¿Qué has hecho?' Jesús contestó: 'mi realeza no procede de este mundo; si fuera rey como los de este mundo, mi guardia habría luchado para que no cayera en manos de los judíos. Pero mi reinado no es de acá.' Pilato le preguntó: ¿'Entonces, ¿tú eres rey?' Jesús contestó: 'Tú lo has dicho: Yo soy Rey. Para esto nací, para esto vine al mundo, para ser testigo de la Verdad. Todo hombre que está de parte de la verdad, escucha mi voz.'" Jn 18:33-37

Jesús, **"Mi juicio fue algo que sufrí profundamente en Mi interior. Este fue Mi tiempo, particularmente, de Mis sufrimientos en relaciones. Yo conocía los corazones ante Mí—aquellos que preguntaron y aquellos quienes miraron, y desee más que nada ser testimonio de inocencia de la Verdad para ellos. Sabía que Mi muerte era inevitable; ya había sido** acordado por Mi Padre y Yo para salvar a la humanidad. Sin embargo, el propósito del juicio, además de entristecer Mi corazón humano, causándome que sufriera mucho más, era para aquellos quienes Me cuestionaron. Yo pude haberles contestado exactamente lo que querían para que pudieran seguir adelante con su plan de matarme. Pero esperé, en silencio, llamando con Mi silencio, todavía Amor, para que sus corazones se abrieran, rotos de orgullo, para que Mi Verdad pudiera entrar. Tuve que sufrir en Mi Pasión por toda la gente de todos los tiempos, y por eso no quise descuidar el sufrimiento de los que son juzgados injustamente—aquellos acusados, aquellos que serían enredados en preguntas engañosas del mal. Quise sufrir pacientemente por aquellos quienes sintieron que soportaron solos su prueba. Quise tomar la taza llena que Mi Padre ofreció, permitiendo este sufrimiento, también para perforar Mi alma. Aquellos por quienes vine para salvarlos me rechazaron. Sus corazones no entendieron, porque cuando se pararon fuera del Amor, se pararon lejos de Mi Sabiduría, que pudo haber ayudado a sus corazones a comprender la magnitud de los sucesos que tenían ante sí.

Quiero que medites en Mi Amor ridiculizado. Y te pido que entres profundamente en estas palabras—permíteme abrirlas y encarnarlas en tu vida. Ya que estas llamado a vivir y abrazar tus 'pruebas' con el mismo Amor paciente, callado, y perdonador con el que Yo lo hice, contestando nada más cuando te lo pide el Espíritu. Y te bendigo en tu amor probado, en Mi Amor que a menudo será 'puesto a prueba' en tu vida. Amén"

Las Pruebas de Jesús

Jesús, "Yo era la Palabra, y ellos Me rechazaron. Sabía que más bien rechazarían Mis palabras, un reflejo de lo que Soy. Yo era la Verdad, y ellos me odiaron. ¿Cuánto más hubieran odiado y rechazado Mis Palabras de verdad, meros reflejos de Mí? Si odiaran al árbol, odiarían el fruto. No, no hablé mucho bajo el juicio, bajo la persecución. No traté de explicarles quien era Yo, o Mi mensaje de Amor. Sus corazones no estaban abiertos, sus corazones no podían recibir Mi explicación. Fue Mi misericordia la que mantuvo Mi boca cerrada. Fue Mi misericordia, y no el corazón-cerrado, lo que Me mantuvo en silencio. Amé a Mis perseguidores. Amé a aquellos que me pusieron a prueba, que Me interrogaron, quienes Me golpearon. Yo sabía que si Me quedaba callado, todo lo que podrían oír sería el eco del odio de sus propios corazones, el eco de sus pecados. El silencio es el lenguaje del Espíritu Santo, la Presencia de Mi Amor. El Espíritu Santo necesitada entrar para mostrarles, para condenarles por su pecado. Solamente después de que vieron su pecado y se arrepintieron, pudieron recibir o entender mis explicaciones, las respuestas de la verdad. Ya que la verdad es Mi Presencia. Y

Mi Presencia únicamente puede descansar en corazones libres de pecado. Me dolió grandemente que no pudiera reposar en sus corazones, en el Amor misericordioso, iluminarlos, mostrándoles la verdad, llevándolos al Padre. Como anhelaba traer a Mis perseguidores de vuelta a la casa de Mi Padre. Pero ellos no lo querían a Él, y no Me querían a Mí. En Mi silencio, Quien era Yo, habló más fuerte que Mis palabras lo hubieran hecho. Mi unión con Mi Padre Me llevó a través de estos momentos. Le permití que contestara por Mí, y Su respuesta fue Su Amor por ellos a través de Mí. Sus respuestas a sus preguntas vendrían, pero en Su tiempo y manera, no en la de ellos. Su respuesta sería Mi muerte, y Mi resurrección. Sin embargo, esta respuesta no la podrían recibir muchos, hasta después de que mandé Mi Espíritu en Pentecostés – Mi Espíritu iluminaría y limpiaría sus corazones del pecado, para que pudieran mirar atrás y recibir la respuesta de 'Quien era Yo' a través de Mi Muerte y Mi

Resurrección. Y cuando respondí sus preguntas, no le contesté a la gente para que necesariamente pudieran entender. Respondí para dar testimonio de la Verdad. La Verdad trae Luz, Amor y Fe.

Y así tú también serás puesto a prueba muchas veces. Nunca tengas miedo. Yo estoy contigo en estos tiempos, y te ofrezco la gracia para soportar esto, a través de Mi propio sufrimiento misterioso de pruebas antes de Mi muerte. Siempre debes responder y dar testimonio de la verdad. Y muchos no comprenderán la verdad en ti, así como no Me comprendieron a Mí. Eso es porque la gente desea entender más de lo que aman. Debes llamarlos a amar, y cuando amen a través de Mi Espíritu de Amor, presente en ellos, empezarán a entender. El entendimiento es un regalo del Espíritu Santo. Deben abrirle su corazón en el amor primero. Debes escucharle a Él, al Espíritu Santo, y mantener tu corazón despierto, siempre descansando en Él— especialmente en estos tiempos de persecución y prueba. Escucha y obedece. Si Él te da palabras, habla. Si Él mismo desea defenderte, mantente callado y permítele hablar a los corazones de los demás. Pero siempre permanece en reposo con Él. Tu vida también dará testimonio de la verdad. Ellos deben encontrar las respuestas de la verdad de Mi vida y Mi Amor, en tu vida. Pero si rechazan tu vida—la cual imita al Evangelio y a Mis mandamientos—entonces ellos también rechazaran tus palabras. Pero cuando sus ojos están abiertos y ven Mi vida en ti, y lo aceptan, también aceptarán tus palabras, Mis palabras para ellos a través de ti—y Mi palabra para sus vidas, a través de ti, será Misericordia. Vive la Misericordia. Ruega por la Misericordia para ti, para el mundo entero, y especialmente para aquellos que te persiguen. Y Mi Misericordia en ti tocará y convertirá al mundo. Esta es la necesidad más profunda del mundo –Misericordia—y te pido que se las des a través de tu vida, tus palabras y silencio en unión con la voluntad de Mi Padre y de la Mía. Si le obedeces, te llevará a Él a través de Mí, y no tendrás nada que temer. Descansa Conmigo, y recibe las gracias que te estoy dando ahora para compartir también en este sufrimiento Mío.

La gente ama el sonido de sus propias voces en la búsqueda de muchas preguntas, más que a Mí. Entender no es malo; razonar es bueno. Pero la gente debe amarme más de lo que busca entender. Yo soy Verdad; y únicamente a través de la fe en Mí, la Verdad, recibirán la sabiduría, entendímiento y respuestas de la verdad. Deben amar la verdad, estar sedientos de ella, para recibirla. No es algo que el hombre pueda agarrar y hacer solo. Todo es un regalo de Mi Padre, incluso el entendimiento, la sabiduría y la verdad. Todo llega a través de Mí. *"Por Él se hizo todo y nada llegó a ser sin Él...* (Jn 1:3)" Ellos deben buscarme, y no con intenciones egoístas, para poder recibir las respuestas que deseen. Ámalos y ayúdalos a Amarme, con tu vida de testi-

monio en unión Conmigo. Con esto recibirán las respuestas a todas sus preguntas. Me recibirán, La Verdad Encarnada."

5.) Pedro Niega a Jesús

"Entonces Jesús les dijo: "Todos ustedes caerán esta noche: y no sabrán que pensar de Mí. Pues dice la Escritura: Heriré al Pastor y se dispersarán las ovejas del rebaño. Pero después de mi resurrección, iré delante de ustedes a Galilea." Pedro empezó a decirle: 'Aunque todos tropiecen y caigan yo nunca vacilaré'. Jesús le replicó: 'Yo te aseguro que esta misma noche, antes del canto de los gallos, me habrás negado tres veces.' Pedro le dijo: 'Aunque tenga que morir, no renegaré de ti'; y los demás decían lo mismo." Mt 26:31-35

"Y dijo a Pedro: 'Simón, ¿Duermes? No pudiste estar despierto ni una hora. Estén despiertos y oren, para que no caigan en tentación; el espíritu es animoso, pero la carne es débil.'" Mc 14:37b-38

"Mientras tanto, Pedro estaba sentado afuera, en el patio, y acercándose una muchachita de la casa le dijo: 'Tú también seguías a Jesús de Galilea.' Pero él lo negó delante de todos, diciendo: 'No entiendo lo que dices.' Y como Pedro se dirigiera hacia la salida, lo vio otra sirvienta, que dijo a los presentes: 'Este estaba con Jesús de Nazaret.' Pedro negó por segunda vez, jurando: 'No conozco a ese hombre.' Poco después se le acercaron los que estaban ahí y le dijeron: 'No puedes negar que eres uno de los galileos: se nota en tu modo de hablar.' Entonces Pedro se puso a maldecir y a jurar que no conocía a ese hombre Y al momento cantó el gallo. Y recordó Pedro las palabras que Jesús le había dicho: 'Antes del canto del gallo me negarás tres veces', y saliendo afuera lloró amargamente." Mt 26:69-75

"Entonces Pedro le dijo: 'Aunque todos tropiecen y caigan, yo no.' Jesús le contestó: 'Te aseguro que hoy, esta misma noche, antes que el gallo cante dos veces, tú me habrás negado tres veces.' Pero el insistía: 'Aunque tenga que morir contigo, no te negaré.'"
Marcos 14:29-31a

"Mientras estaba Pedro abajo, en el patio, llegó una de las sirvientas del Sumo Sacerdote. Al verlo cerca del fuego, lo miró fijamente y le dijo: 'Tú también andabas con Jesús de Nazaret.' Él lo negó: 'No lo conozco ni sé de qué hablas.' Y salió afuera, a la puerta. Pero lo vio la sirvienta y otra vez dijo a los que estaban allí: 'Este es uno de ellos.' Pedro volvió a negarlo. Más tarde, los que estaban allí volvieron a decir a Pedro: 'Es claro que tú eres de ellos, pues eres galileo.' Entonces se puso a maldecir y a jurar: 'Yo no conozco a ese hombre del que hablan.' En ese momento cantó un gallo por segunda vez. Y Pedro recordó lo que Jesús le había dicho: 'Antes que el gallo cante dos veces, me habrás negado tres veces.' Y se puso a llorar." Marcos 14:66-72

"Simón, mira que satanás ha pedido permiso para sacudirlos a ustedes como se hace con el trigo; pero yo he rogado por ti para que tu fe no se venga abajo. Tú, entonces, cuando hayas vuelto, tendrás que fortalecer a tus hermanos.' Pedro dijo: 'Señor, estoy listo para acompañarte a la prisión y a la muerte.' Pero Jesús le respondió; 'Pedro, te digo que hoy mismo, antes del canto del gallo, tres veces negarás haberme conocido.'" Lucas 22:31-34

"Entonces lo tomaron preso y lo llevaron a la casa del Sumo Sacerdote, donde entraron. Pedro lo seguía de lejos. Como los servidores habían encendido fuego en medio del patio y estaban sentados alrededor, Pedro vino a sentarse con ellos. Una muchacha de la casa lo vio sentado junto al fuego y, mirándolo fijamente, dijo: 'Este también estaba con él.'

Pero Pedro lo negó, diciendo: 'Mujer, no lo conozco.' Poco después, otro exclamó al verlo: 'Tú también eres uno de ellos.' Pero Pedro respondió: 'No, hombre, no lo soy,' Como una hora más tarde, otro afirmaba con insistencia: 'Seguramente este también estaba con él, y además es Galileo.' Pedro dijo entonces: 'Amigo, no entiendo lo que dices.' Y en ese mismo momento en que Pedro hablaba, un gallo cantó. EL SEÑOR SE VOLVIÓ Y FIJÓ SU MIRADA EN PEDRO. Entonces Pedro se acordó de que el Señor le había dicho: 'Hoy, antes que cante el gallo, tú me negarás tres veces.' Y, saliendo afuera, lloró amargamente. Los hombres que tenían preso a Jesús comenzaron a burlarse de él y a darle golpes." Lucas 22:54-63

"Hijos míos, yo estaré con ustedes por muy poco tiempo. Ustedes me van a buscar... Les digo ahora lo mismo que dije a los judíos. Ustedes no pueden ir a donde yo voy. Les doy este mandamiento nuevo: que se amen unos a otros. Ustedes se amarán unos a otros como yo los he amado. Así reconocerán todos que ustedes son mis discípulos: si se tienen amor unos a otros.' Simón Pedro le dijo: 'Señor, ¿a dónde vas?' Jesús le respondió: Donde yo voy, tú no puedes seguirme ahora; pero me seguirás después." Pedro le dijo: 'Señor, ¿por qué no puedo seguirte ahora? Estoy dispuesto a dar mi vida por ti.' Jesús respondió: 'Tú, ¿dar tu vida por mí? En verdad, te digo: antes que cante el gallo, me habrás negado tres veces.'" Jn 13: 33-38

"Simón Pedro y otro discípulo seguían a Jesús. Como ese otro discípulo era conocido del Sumo Sacerdote, pudo entrar en el patio de la casa al mismo tiempo que Jesús. Pedro quedó afuera, junto a la puerta, hasta que el otro discípulo, conocido del Sumo Sacerdote, salió y habló con la portera, que lo dejó entrar. La portera dijo a Pedro: A lo mejor tú también eres de los discípulos de ese hombre. A lo que Pedro respondió: 'No, no lo soy'.

Hacía frio. Los sirvientes y los guardias tenían prendido un fuego con ascuas y se calentaban. Pedro estaba junto a ellos, calentándose también…

…Simón Pedro quedó calentándose en el patio. Le preguntaron: ¿'No eres tú también uno de sus discípulos?' Él lo negó: 'No lo soy.' Uno de los servidores del Sumo Sacerdote, pariente del hombre al que Pedro le había cortado la oreja, le dijo: ¿'No te vi con él en el huerto?' De nuevo negó Pedro y en seguida cantó el gallo." Jn 18:15-18, 25-27

Jesús, **"Pedro era uno de Mis primeros discípulos, y era un discípulo muy fuerte. Pero él sabía que era fuerte, y esa era su debilidad. Él no tenía la humildad de Juan o de Mi Madre, por lo cual Me negó y no pudo estar al pie de Mi Cruz. En humildad, Yo soy capaz de ser fuerte en Amor por ustedes. Pedro tenía que dirigir Mi Iglesia, pero para tal trabajo necesitaba gran humildad. Necesitaba conocer la debilidad** frágil de su cuerpo y de su corazón, para poder dármela y permitir que Mi fuerza y Mi Amor entraran. Con esto, Yo podría guiar Mi Iglesia desde su interior. Le permití a Pedro caer, para poder hacerlo fuerte en Mi Amor. Mi remedio para su pecado lo haría más santo y más fuerte, que si nunca hubiera caído. Le permití caer en debilidad como un ejemplo para otros; un ejemplo de Mi perdón profundo que le ofrecí en Mi única mirada, inmediatamente después que me negara. En esa mirada de Amor contenía una misericordia insondable para Mi discípulo—y para toda Mi gente—a quienes Amo y quienes me niegan en su debilidad, hiriendo Mi Alma. Si Pedro hubiera recibido Mi misericordia completa en ese momento, podría haber llorado amargamente, pero habría permanecido a mi lado. Pero en su miedo y orgullo fue avergonzado y huyó, dejando solo a su Sanador herido. Oh, como amé a Pedro. Me ha atravesado el Corazón verle herir el suyo. Sin embargo, iba a curar su herida poderosamente en Mi Amor. Esta es Mi primera lección en su negación. Te pido que, por favor, siempre recibas el regalo de Mi humildad para tu corazón. Atesora este regalo. Cuando conoces y Me das tu debilidad, buscándome para que te de fuerza, te puedo ayudar. Mi pequeño Pedro pensó que podía defenderme, a Dios. Lo que necesitaba hacer era pedirle a Mi Amor que lo defendiera de su debilidad. Después de su caída, esto es lo que haría.

Esto lleva al Segundo misterio que deseo abrir hoy para ustedes, de estos pasajes. ¿A dónde miró Pedro en Mi Pasión? Miró a esos cerca, interrogándolo. Y se miró a sí mismo, en defensa. No Me estaba mirando en amor, por Amor, o por Mi ayuda. La única vez que Me miró después de caer, miró Mi Amor y se dio cuenta de lo que había hecho al rechazarlo, como ayuda para su corazón débil. Lloró porque supo que Me necesitaba, pero Yo estaba siendo llevado a la muerte. Su fe todavía no era lo suficientemente rica para entender que Mi muerte le daría la ayuda, en el Amor, que su corazón débil necesitaba. Oh, Mi Pedro siempre estaba aprendiendo. Mírame siempre, cuando seas puesto a prueba por Mí. Yo, el Salvador condenado, Soy tu Pastor Maestro, y siempre vendré en tu ayuda para fortalecerte en Mi Amor.

Cuando le predije primero a Pedro de su caída—le di un aviso para que pudiera prepararse en oración para su batalla que venía, había sido después de Mis palabras acerca del Amor. Le había dicho que por el Amor, la gente lo reconocería como uno de Mis discípulos. Y su gran amor por Mí lo llevó a la casa del sumo sacerdote, causándole ser reconocido. Fue su amor el que lo entregó. Y este amor creciendo en su corazón, el cual era verdaderamente Mi Amor dentro de él, lo habría salvado de su caída si no hubiera sido tan débil. Una persona debe dar todo de sí mismo para Amar, sino, su Amor muere. Esto es lo que pasó con Mi 'otro' discípulo amado, Pedro—su amor murió, y él lo negó. Pero él era muy amado para Mi Alma, incluso en esta su debilidad, porque era muy honesto ya que reconoció rápidamente su culpa, después de que había caído. Él hizo lo que Yo hice cuando caí en el camino de Mi Cruz. Se levantó, y continuó. Él Me miró, miró a Mi Amor, por una respuesta. Y en Mi Mirada hacia él, fui capaz de encender e inflamar su amor hasta las lágrimas—tan grandemente, que lloró amargamente por Mí, Quien necesitaba mucho amor, y por su corazón débil no fue capaz de dármelo. Al final Pedro crecería, y al permitirle a Mi Amor entrar y sanarlo, y después llenarlo, sería un fuego de Mi Amor en el mundo, guiando a Mi Iglesia terrena, con Mi Luz dentro de él.

Te pido que Me ames ferozmente, con todo lo que tienes y lo que eres, para que tu amor no decaiga ni muera. Más que eso, te pido que Me permitas que haga este trabajo en ti, que tome todo de ti como una posesión de Mi Amor y así poder llenarte completamente con la fuente de Mi

Corazón. Mi Amor en ti debe ser feroz, o morirás en el camino de Mi Cruz, el que deseo compartir contigo. Simplemente fíat y recibe todo de Mí para ti, en confianza; sin embargo, deseo darte Mi Amor. Contigo también, nunca lamento tu debilidad. Tu pequeñez e incapacidad en amor no Me decepcionan o Me ofenden. Lo que haces con ellas es lo que importa. Te pido que aprendas de tu hermano Pedro, ya que también tienes un espíritu y una fuerza feroz. Nunca dependas de ello. Siempre debes conocer tu gran debilidad como humano, y siempre debes traer tu debilidad a la luz de Mi Iglesia, pidiendo su Amor y fuerza sanadora para sanarte y llevarte. Siempre mírame a Mí y a Mi Amor, y nunca al mundo a tu alrededor, ni a ti mismo, en defensa de sus preguntas. Nunca serás puesto a prueba por ti mismo; no eres tan importante si estas solo. Pero a menudo estarás a prueba por Mí, y en esos momentos permite que Mi Amor responda por ti. Que hubiera pasado si Pedro Me hubiera mirado buscando fuerza en Mi Amor, antes de haberme negado. Podría haberle defendido, y lo habría hecho, respondiendo por él. Ya que Soy el Buen Pastor, y siempre rescato a Mis pequeñas ovejas. Y aunque Pedro pensó que era fuerte, era tan, tan pequeño en Mis brazos. Aprende de Pedro e imita su ejemplo de Mirarme, pero hazlo constantemente en tu vida, y no necesitas caer para aprender. Conoce con humildad lo mucho que Me necesitas, incluso en Mi debilidad perseguida—especialmente en Mi ridiculizado y sufrido Amor—Yo seré tu fuerza.

Te amo, Mi pequeño esposo/esposa de Amor, y te bendigo en esta última lección de Mi Corazón. Manténganse despiertos y vigilen, oren Conmigo en la noche de Mi Cruz, y con esto les daré el dulce descanso de Mi gracia y Mi Amor, para fortalecerlos y llevarlos a Casa. Amén."

6.) Jesús es Azotado Atado a una Columna

"Entonces Pilato ordenó que tomaran a Jesús y lo azotaran." Jn 19:1

"Así es que, después de azotarlo……." Lc 23, 16a

"….después de haber hecho azotar a Jesús…" Mc 15:15b; Mt 27:26b

"Fue tratado como culpable a causa de nuestras rebeldías y aplastado por nuestros pecados. Él soportó el castigo que nos trae la paz y por sus llagas hemos sido sanados." Is 53:5

Jesús, **"Mis azotes tenían doble significado. Y te lo explicaré aquí. Pero no entenderás la profundidad del sufrimiento de Mi cuerpo y de Mi alma, en los azotes, hasta que simplemente entres tú mismo dentro de estas heridas. Simplemente debes permitir-**

me llevarte dentro de ellas. Las palabras que te doy ahora te ayudarán a entrar en estos misterios, pero Mi Amor te guiará más profundo que Mis palabras, abriéndote cada vez nuevas sombras de Mi Amor sufriente. El primer sufrimiento de Mis azotes fue Mi desnudez. Me desnudaron para burlarse y golpearme. Me mantuve abierto, desnudo delante de los hombres, para recibir los abusos de sus pecados a Mi alma y a Mi cuerpo. Mi Corazón y Mi cuerpo estuvieron abiertos desnudos, mientras me permití a Mí mismo ser vaciado para poder amar completamente. Me ataron. Yo, Quien era el Señor, el Creador del Cielo y de la Tierra, Me permití ser atado por Mi creación. Y Yo los amaba, incluso en su pecado. Te pido que vivas con Mi ejemplo de humildad en esto. Cuando me ataron a la columna, sus pensamientos y palabras ya habían atravesado Mi Corazón. Fui azotado por la indiferencia y crueldad de sus corazones, incluso antes que sus armas tocaran Mi cuerpo. Cuando sus instrumentos de tortura fueron arrojados a Mí, el dolor se disparó por todo Mi cuerpo. Pedazos de Mi carne y salpicaduras de Mi sangre volaban por el aire. Y Mi Espíritu suave de Amor, no fue capaz de atravesar sus corazones –no había nada que Yo pudiera hacer para sanarlos, sino tomar la copa entera que Mi Padre puso delante a Mí. Este fue Mi primer sacrificio Eucarístico –y esta fue una gran profanación de Mi regalo de Amor.

Como te dije, los azotes que sufrí atado a una columna tuvieron doble significado. El primero tuvo que ver con Mi separación de Mi Padre. Mi cuerpo fue despojado de su don divino de belleza, para ser cubierto por las heridas de los pecados del hombre. Y cada látigo que hería Mi cuerpo, trajo consigo una herida aun más profunda de oscura ceguera al Amor de Mi Padre hacia Mi alma. Cada herida que soporté por la humanidad fue como un gran pecado derramado sobre Mi inocencia. Y cuando tomé el pecado del hombre sobre Mí, fui separado del Amor de Mi Padre de una manera visible. Este pecado y oscuridad torturadora, únicamente nublaría cada vez más la visión de Amor de Mi Corazón, al abrazar cada herida en lo más profundo de Mi Corazón. Sin embargo, el Amor de Mi Padre, completamente invisible para Mí desde este momento, me sostendría – Estábamos unidos aún como uno en Mi fíat obediente. Este sufrimiento de ceguera ayudaría a aquellos ciegos de conocer Mi verdad y Mi Amor; esos que recorrerían la gran noche de la fe. De los místicos hasta los grandes pecadores, Mi ceguera del Amor de Mi Padre mientras estaba cubierto con los pecados del hombre, saldría como una luz para sanar al mundo. Toda esta oscuridad comenzó cuando fui azotado. Y este Mi Amor sanador también tocaría a esos quienes me azotaron, porque también los amé mucho, con todo Mi Corazón. Como dice en el Profeta Oseas, cuando Yo los trataba con gestos de ternura, como si fueran personas. Era para ellos como quien les saca el bozal del hocico 'y les ofrece en la mano el alimento.' (Os 11:4c)

El Segundo gran significado de Mis azotes tiene que ver con la inocencia traspasada. Las madres estuvieron con sus hijos durante toda Mi Pasión, y Me quede destrozado al ver la inocencia de estos niños, traspasada por el pecado a su alrededor. Durante Mis azotes, Yo también Me escandalicé por el pecado del corazón de los hombres; ya que siempre tuve el Corazón puro de un niño. En estos momentos cuando Mi cuerpo estaba en dolor crucificado, Mi Corazón se volteó a todos los niños del mundo a quienes les será escandalizada la inocencia a causa del pecado. Y sufrí inmensamente por ellos. Los pedacitos de Mi carne y sangre que volaban de Mí, mientras me azotaban, fueron Mis pequeñas ofrendas Eucarísticas por Mis más pequeños en el mundo. Oh, cuanto oré para que sus corazones se libraran de las tortuosas tentaciones que soporté en Mi sufrimiento inocente. Oré

para que pudieran ser capaces de perdonar a sus perseguidores y para que encontraran sanación de su inocencia en Mi sangre, en Mi Amor callado y gentil… Amén."

7.) La Coronación con Espinas

¿"Quien podrá ser el rey de la Gloria? El Señor, Dios de los Ejércitos, Él es el único rey de la Gloria." Salmo 24:10

"Los soldados romanos llevaron a Jesús al palacio del gobernador y reunieron a toda la tropa en torno a él. Le quitaron sus vestidos y le pusieron una capa de soldado de color rojo. Después le colocaron en la cabeza una corona que habían trenzado con espinas, y en la mano derecha una caña. Doblaban la rodilla ante Jesús y se burlaban de él, diciendo: 'Viva el rey de los judíos.' Le escupían la cara y, quitándole la caña, le pegaban en la cabeza. Después que se burlaron de él, le quitaron la capa de soldado, le pusieron su ropa y lo llevaron a crucificar. ." Mt 27:27-31

"Luego, los soldados tejieron una corona con espinas, se la pusieron en la cabeza y le colgaron en los hombros una capa de color rojo como usaban los reyes. Y se acercaban a él y le decían: ¡'Viva el rey de los judíos!' y le daban bofetadas." Jn 19:2-3

"Era el día de la preparación de la Pascua, alrededor del mediodía. Pilato dijo a los judíos: ¡Ahí tienen a su rey!'" Jn 19:14

"Y decían: ¡'Bendito el que viene, el Rey en nombre del Señor!'" Lc 19:38a

"Pilato mandó escribir un letrero y ponerlo sobre la cruz. Tenía escrito: 'Jesús de Nazaret, Rey de los Judíos.'" Jn 19:19

Jesús, **"Cuando los soldados empezaron a burlarse de Mí, fue como que todo el infierno se desatara sobre Mí. Las tinieblas** entraron; el malvado se enfureció para atormentar, burlarse y desgarrar Mi cuerpo y Mi alma, para ver si Me rompería. Pero no respondí. Me senté ahí quieto, en silencio, casi de buena gana –con amor—soportando todo para la salvación de la humanidad. Estos fueron los pecados más débiles del hombre que fueron desatados sobre Mí, en la coronación con espinas, y las burlas que soporté. Un Dios escupido por Sus criaturas, a quienes estaba tratando de salvar. Fue un espectáculo odioso. Las sombras de la tentación se arremolinaron a mi alrededor cuando la oscuridad pareció agarrarse de Mi cuerpo, y también de Mis sentidos. Me sentí perdido en la maldad, y esto enfermó a Mi alma, más que la crueldad física o las palabras de los soldados que me clavaron. Mi Corazón tuvo que luchar para decir fíat (hágase) en un amor grande, humilde y obediente. En este momento toda Mi energía estaba en Mi Padre, a través de fe en Su Presencia y Su Amor, que Me guiaba. No puse atención a sus palabras, y no escuché todo el ruido que el diablo hizo tratando de perturbar Mi alma; Escuché, en fe, los latidos de Amor del Corazón de Mi Padre. Escuché en esperanza que Su Amor conquistaría las tinieblas. Escuché en Amor, por toda la raza humana, cuando Mi misericordia fluyó en Mi sangre.

Mis ojos se llenaron de sangre de la corona que penetró profundo en Mi cuello y mi cráneo. El dolor físico de esto, me causó nausea. Mi Corazón lloró lágrimas de sangre por aquellos a Mi alrededor que destruían sus corazones mientras se burlaban de Mi reinado, el cual juzgaría un día sus corazones. El dolor, el Amor, la humillación, el rechazo y el perdón perforaron tan profundo dentro de Mi cuerpo y Corazón, como esas espinas de Mi cabeza. Y estaba callado. No abrí Mi boca, mientras ofrecía todo en Amor humilde. Tu amor también debe ser así de humilde, pequeño en su pureza y abierto en dócil vulnerabilidad, como estaba el Mío en la Coronación. Ellos se burlarán también de

Mi Amor en ti. Y debes permitirme responder de tu interior, con la misma misericordia paciente como hice en Mi Coronación... Ve con Mi bendición."

8.) Jesús es Condenado a Muerte

"Humillémoslo y atormentémoslo para conocer hasta qué punto se mantendrá firme y para probar su paciencia. Condenémoslo a una muerte humillante, ya que, según él, Dios intervendrá en su favor." Sab 2:19-20

"La piedra que los constructores desecharon llegó a ser la piedra principal del edificio." Mt 21: 42a

"Al darse cuenta Pilato que no conseguía nada, sino que más bien aumentaba el alboroto, pidió agua y se lavó las manos delante del pueblo, diciendo: 'Yo no me hago responsable de la sangre que se va a derramar. Es cosa de ustedes.'... Entonces...a Jesús lo hizo azotar y lo entregó para que fuese crucificado." Mt 27:24, 26b

"Pilato les dijo: ¿'Qué hago con el que ustedes llaman rey de los judíos?' El pueblo gritó de nuevo: ¡'Crucifícalo!' Pilato contestó: ¿'Qué mal ha hecho'? Pero los gritos fueron cada vez más fuertes: ¡'Crucifícalo!' Pilato quería dar satisfacción al pueblo. Por eso dejó libre a Barrabás y, después de haber hecho azotar a Jesús, lo entregó para que fuera crucificado." Mc 15:12-15

"Entonces Pilato pronunció la sentencia que ellos reclamaban. Luego soltó al que estaba preso por agitador y asesino, según ellos mismos exigían, y dejó que trataran a Jesús como quisieran." Lc 23:24-25

"Pilato volvió a salir, y les dijo: 'Miren, lo voy a traer de nuevo para que sepan que no encuentro ningún motivo para condenarlo.' Entonces salió Jesús afuera llevando la corona de espinas y el manto rojo. Pilato les dijo: 'Aquí está el hombre.' Al verlo, los jefes de los sacerdotes y los policías del Templo comenzaron a gritar: '¡Crucifícalo! ¡Crucifícalo!' Pilato contestó: 'Tómenlo ustedes y crucifíquenlo. Yo no encuentro motivo para condenarlo.'… Desde ese momento, Pilato buscaba la manera de dejarlo en libertad. Pero los judíos comenzaron a gritar: 'Si lo dejas libre, no eres amigo del Cesar; porque todo el que se proclama rey va contra el Cesar.' Al oír esto Pilato, hizo comparecer a Jesús ante el pueblo y lo sentó en el tribunal, en el patio llamado del Empedrado (en hebreo Gabata). Y después dijo a los judíos: 'Ahí tienen a su rey.' Ellos gritaron: '¡Fuera! ¡Fuera!, ¡crucifícalo!' Pilato les respondió: ¿Debo yo crucificar a su rey?' Los jefes de los sacerdotes contestaron: 'No tenemos más rey que el Cesar.' Entonces Pilato les entregó a Jesús para que fuera crucificado." Jn 19:4-6,12-13, 14b-16

"Despreciado y tenido como la basura de los hombres, hombre de dolores y familiarizado con el sufrimiento, semejante a aquellos a los que se les vuelve la cara, estaba despreciado y no hemos hecho caso de él... fue detenido y enjuiciado injustamente sin que nadie se preocupara de él. Fue arrancado del mundo de los vivos, y herido de muerte por los crímenes de su pueblo." Is 53:3,8

Jesús, **"Juzgar es una cosa muy peligrosa. El que juzga y condena, de la misma forma será juzgado y condenado. Es mejor dejar todo juicio a Dios—Quien sabe todo, Quien es Verdad y Quien juzga con misericordia de acuerdo al corazón del hombre. Por su juicio precipitado y defectuoso a causa de los pecados de su corazón, fui condenado por los judíos. Preferían que muriera—algo que no podían entender y juzgar—a que viviera, forzándolos a arrepentirse en sus oscuros caminos. Los sufrimientos que soporté mientras estuve en el camino** empedrado, escuchando mi condenación a la muerte, fueron más profundos que los cientos de voces y caras que miré delante Mío—gente a quien le había enseñado, sanado y amado—gritando por Mi Muerte. Tal Amor rechazado me ha dolido, sin embargo, la oscuridad de sus corazones Me dolió aún más. Miré ante Mí a todos los inocentes condenados injustamente a muerte, como resultado de los celos, orgullo y egoísmo de otros. Miré qué tan oscuros y crueles los corazones de los humanos podían ser—tan cerrados y vacíos de la bondad y Amor de Mi Padre. Miré el arrepentimiento que sentirían muchos de Mis hijos, que después de vivir en tales maneras malvadas, finalmente miraron la verdad. Sufrí por Mi Padre—Rey de la Gloria y de toda la creación—mientras Su Reinado fue burlado y Su Hijo—Su Mensajero de Amor—golpeado y matado, colgado en un madero. Oh las tinieblas que empezaron a invadirme durante la Coronación únicamente profundizaron, mientras el diablo torció los pensamientos del hombre y Me tentó a que creyera que Mi Misión de Amor había fallado y no tenía remedio. Escuchar las voces de tanta gente que amé mucho—de todos los tiempos y lugares—rogando por Mi muerte a través de sus pecados, entristeció el Corazón de su Salvador hasta la muerte. Que pueden explicar Mis palabras sobre Mi sufrimiento en Mi condenación a la muerte—la experiencia fue más profundo que las palabras, algo que por lo tanto abracé en silencio. Desde dentro de Mi Amor callado y sumiso, Mi Padre vencería. En Mi sufrimiento callado, todos esos sin fuerza o coraje para defender al inocente (como Pilato era débil) encontrarían la fuente de todo lo que necesitaban. El momento de Mi condena fue trágico—ya que Dios, juzgado y odiado por los hombres—fue inocentemente condenado a una muerte odiosa. Sin embargo, ese momento fue glorioso, ya que en él, Mi Corazón pudo decir un fíat profundo en un Amor obediente para abrazar todos los pecados y sufrimientos del hombre para sanar, salvar y restaurar al mundo para Mi Padre.

Te bendigo mientras entras profundamente dentro de este misterio en tu vida, y te llevaré Yo mismo a través de él, mientras abro sus misterios para ti, a través de nuestra unión en experiencia. Amén."

9.) Jesús Toma Su Cruz

"Sin embargo, eran nuestras dolencias las que él llevaba, eran nuestros dolores los que le pesaban y nosotros lo creíamos azotado por Dios, castigado y humillado... Todos andábamos como ovejas errantes, cada cual seguía su propio camino, y Yavé descargó sobre él la culpa de todos nosotros." Is 53:4,6

"Entonces Pilato les entregó a Jesús para que fuera crucificado. Ellos se apoderaron de Jesús; él mismo llevaba la cruz a cuestas y salió a un lugar llamado la Calavera, que en hebreo se dice Gólgota." Jn 19:16-17

"El que quiera seguirme, que renuncie a sí mismo, que cargue con su cruz y que me siga. Pues el que quiera asegurar su vida la perderá, pero el que pierda su vida por Mí, la hallará." Mt 16:24-25

Jesús, **"Y cuando tomé la Cruz sobre mi espalda ya abierta y sangrante, tomé también el peso del pecado del hombre sobre Mi alma. Oh, no puedes concebir el peso de tales tinieblas malignas. Cargué Mi instrumento de tortura junto con el 'instrumento de tortura' del hombre –que es el pecado. El precio que pagué en profundo sufrimiento físico, emocional, mental y espiritual en este momento fue enorme y difícil—sin embargo, soportaría Mi Cruz 1,000 veces nuevamente si fuera necesario, para salvar una sola alma. La culpa de los crímenes más odiosos cometidos en la historia de la humanidad, pasó a través de las cavidades de Mi tierno**

Corazón abierto. Como me esforcé para amar en este momento; como me esforcé para perdonar; como me esforcé para no enfocarme en el pecado del hombre aplastándome, sino, en cambio, en el perdón misericordioso del Amor de Mi Padre, el cual no lo podía ver ni sentir. Y en Mi deseo y esfuerzo para amar, al enfocarme solamente en el Amor, vencí todo, derrotando las mentiras de satanás de que Yo, también, había sido condenado y abandonado por Mi Padre y que todo era en vano. Yo no escuché al malvado astuto que me rodeaba; y no escuché a aquellos pegándome, burlándose y escupiéndome mientras hice Mi camino al Calvario. Escuché en el silencio de Mi Corazón para esperar, que el fíat de Mi Amor obediente y perdonador en Mi Corazón conquistaría. Yo tomé libremente Mi Cruz, y la culpa del pecado de los hombres. Ya que el Amor es gratis, y Mi Resistencia de la Cruz tenía que ser libre, en Amor puro, para salvar a la humanidad. Había orado a Mi Padre que Me librara, y El escuchó Mi oración, ya que Me dio, en Mi humanidad, la fuerza que necesitaba para tomar Su copa entera de Amor crucificado. Yo estaba profundamente herido por aquellos que estuvieron en Mi camino, hiriéndome con la carga de tanto pecado. Pero mi carga se hizo liviana por la gracia del Amor invisible de Mi Padre, uno con Mi Corazón sosteniéndome.

Mi Cruz nunca será muy pesada para ti si permaneces anclado en Mi Corazón, humildemente confiando que Mi Amor lo lleve todo por ti. Al vivir conmigo en Mi Pasión, tú también serás clavado a la cruz que debes cargar por los pecados de los demás; pero siempre mira a Mi Amor que vencerá en ti, porque ya venció y sanó todo pecado en Mi Pasión y Muerte. Al compartir Conmigo en el sufrimiento, bebe plenamente también en Mi remedio de Amor redentor, el cual nos unirá completamente como uno. Y Yo te bendeciré. Amén."

10.) Jesús Cae Tres Veces

"Fue sepultado junto a los malhechores y su tumba quedó junto a los ricos, a pesar de que nunca cometió una violencia ni nunca salió una mentira de su boca. Quiso Yavé destrozarlo con padecimientos." Is 53:9,10a

"Pero tú, Señor,... sálvame por la ternura de tu bondad. Porque yo soy un pobre y desvalido y llevo dentro traspasado el corazón. Me estoy desvaneciendo como sombra que declina y soy sacudido como langosta. Mis rodillas vacilan por el ayuno, estoy flaco y desganado. Ellos se burlan de mí, los que me miran mueven la cabeza." Sal 109:21a, 22-25

"Yo soy el Buen Pastor. El buen Pastor da su vida por sus ovejas. Por eso Yo doy mi vida por mis ovejas. El Padre me ama porque yo mismo doy mi vida, y la volveré a tomar. Nadie me la quita, sino que yo mismo la voy a entregar. En mis manos está el entregarla, y también el recobrarla: éste es el mandato que recibí de mi Padre. ." Jn 10:11, 15b, 17-18

Jesús, **"Nunca tengas miedo de caer en tu camino con Mi Corazón Crucificado. Tú eres débil y serás aún más débil cuando Mis sufrimientos y los pecados de los demás sean puestos sobre ti. Cuando compartes en Mis sufrimientos como una víctima de Amor Conmigo, compartes en la culpa de los pecados de los demás. Pero así como tú no cometiste el pecado por el cual sufres la culpa Conmigo, así también no soportarás su carga ni la superarás –no puedes porque eres un humano débil y pequeño, un niño. Mi Amor redentor trabajará en ti, soportando todo, conquistando todo, perdonando todo. Este trabajo es al que te llamo a compartir Conmigo, es el trabajo de <u>Mi</u> Amor dentro de ti. Y por eso nunca temas caer en tu debilidad –es hermoso ser tan frágil y sin fuerza propia. En lo que me gustaría que reflexiones es en como caes.**

¿Caes en orgullo o en humildad? ¿En tu caída tratas de protegerte y defenderte a ti mismo, o das tu fíat en confianza, recibiendo todas las pruebas y debilidades en tu vida como Mi voluntad, y confiando en que Mis brazos te carguen en tu caída? Ya que Yo te cargo en tus momentos de gran debilidad.

Yo caí por ti en el camino de Mi Cruz, para que tú nunca tengas que caer solo. No, tú tienes la gracia de Mi caída para nunca caer lejos de Mí, simplemente Conmigo en tus sufrimientos. Con esto no tienes pecado. No es un pecado ser débil, especialmente si tu debilidad está llena de gran confianza en Mi Amor. Yo caí tres veces, sí, una y otra vez en Mi fatiga corporal. Y Mi alma también cayó dentro de unas tinieblas profundas, cegado por la oscuridad, necesitando hacer grandes pasos de fe, esperanza y amor para poder levantarme y continuar. Ya he compartido mucho contigo de cómo caer al suelo, incrementó físicamente Mi dolor. Y continuaré revelándote muchos de estos misterios mientras descansas en Mis heridas, y Me permites abrirlas dentro de ti.

Cuando Mi cabeza cayó fuerte en el suelo, Mis espinas rasgaron nuevamente Mi carne con heridas deslizándose a Mi cara y dentro de Mi boca y ojos. La Cruz, pesada en Mis hombros y espalda, cayó pesada en Mi columna causándome perder Mi respiración. Mis rodillas y la parte frontal entera de Mi cuerpo se abrieron por las rocas en el suelo, cuando Mi peso completo cayó sobre ellas. Cuando traté de levantarme recibí patadas en Mi boca, las que me botaron nuevamente. La sangre de Mis heridas junto con la suciedad cubrien-do el suelo, Me hizo imposible mirar bien. Mi boca escupió sangre cuando tosí para recuperar mi aliento. Y continué. No Me di por vencido en Mi debilidad, pero continué en gran Amor hacia Mi lugar de crucifixión. Fui escupido y burlado cuando muchas personas gritaron acusaciones profanas en Mi contra. No miré a Mis apóstoles en mi camino, ya que había sido abandonado por ellos, y dejado solo. Mi Amor fue burlado, rechazado y odiado. Y Mi Corazón estaba lleno de tal soledad oscura, y anhelando a Mi Padre, Quien también pareció haberme dejado en esta noche. La culpa del pecado del hombre pesaba sobre Mi cuello, causándome caer tres veces, no únicamente por debilidad física, sino también del dolor por el estado de tantas almas que tuve que redimir soportando su pecado. Tal sufrimiento es duro de soportar. La oscuridad y el reinado del mal en tales pecados Me traspasaron y Me hirieron mucho más que el gran dolor físico que soporté. Satanás intentó cubrirme con tentaciones de duda, desesperación y venganza. Yo únicamente respondí con la gran misericordia y el tierno Amor de perdón de Mi Padre.

Y Mi garganta también estaba profundamente agrietada y reseca por la sed, en este camino. Como tenía físicamente sed de bebida, además del moco y la sangre de Mis llagas. Como estaban Mis ojos sedientos de llorar, mientras Mi Corazón lloraba por Amor a Mis hermanos. Pero ellos también estaban secos. Como tenía sed Mi Corazón de mirar Amor, ese Amor que Mi Padre creó en el mundo, y lo dejó en los ojos de alguien. Como tenía sed de inocencia, mientras la culpa del pecado del hombre Me traspasó, pesando mucho sobre Mi alma. Como tenía sed de dar Mi Amor, de encontrar un alma dispuesta a beber de su deleite y a responderme en Amor. Y mientras caía, miré a todos aquellos quienes caerían en pecado, y miré a todos aquellos quienes responderían a Mi sed con Amor, y Mi Corazón se rompió entre la pena y la alegría, el dolor y la esperanza. Caí, débil por el pecado cruel del hombre, pero también débil por tal Amor poderoso derramándose de Mi alma.

Hice todas las cosas nuevas en Mi sufrimiento y dolor. Y cuando te unes a Mí en Mis heridas, en Mi Amor herido, te pido que te agarres de esa esperanza. Yo bebí

todos los pecados de la humanidad, debilidades, tentaciones y sufrimientos para Mí
mismo, para poderlos hacer nuevos en Mis
heridas preciosas de Amor. Entra en ese
Amor, un Amor dispuesto a soportar y
perdonarlo todo, simplemente para salvar a
algunos. Un Amor que desea ser uno con su
Amado Señor y Esposo en sus heridas más
profundas de Su Corazón, como también
en el más profundo Amor perdonador y
redentor de Su Corazón. Todo esto deseo
compartir contigo, y lo haré si simplemente
te abres en confianza profunda de Mi Amor
y lo permites. Haré todo nuevo en ti, y a
través de ti en Mi Amor, cuando abraces
hoy esta noche pesada de la Cruz, en Mi
Amor. Te bendigo en nuestro trabajo de
Amor. Descansa en Mí y Yo haré todo."

"Cayendo en el Camino de la Cruz"

Jesús, "La Cruz me aplastó y Yo estaba muy
débil para pararme. El sufrimiento me
aplastó, me enterró vivo—y Yo, Quien era

Dios, el Creador del cielo y de la tierra, estaba muy débil para pararme debajo del peso del pecado y de la crueldad de Mi creación.

Está bien ser débil. En realidad es 'normal' ser débil cuando eres crucificado. Eso es lo que quiero enseñarte ahora a través de tu meditación en este misterio. Cuando el mundo entero parece pesar sobre tu alma— recuerda que el dolor que sientes, es realmente solo Mi Corazón herido. Recuerda que simplemente estoy compartiendo las heridas de Mi Corazón contigo. Cuando sientes que Mi Cruz te aplasta hasta el piso, no tengas miedo de caer, por favor. Yo caí. Y vendré para salvarte. Pero debo enseñarte como caer. Es como aprender artes marciales. Hay 'técnicas' que puedes usar cuando caes, que van a prevenir de 'romper tu vocación' (así como tales técnicas ayudan a un hombre en artes marciales a caer sin ser herido o quebrarse huesos). Al usar estas herramientas que te daré, no evitarán que sufras o sientas dolor en tu caída, porque tu vocación es precisamente sentir y sufrir Conmigo Mi dolor y heridas en la Cruz. Si las tomara, perderías tu vocación y unión Conmigo. Pero estas herramientas que te enseñaré te ayudarán a soportar grandes cantidades de dolor, sin ser completamente aplastado o destruido. Te ayudarán a mantenerte fiel, simplemente soportando en el Amor.

Primero, cuando tu 'caes' bajo la Cruz, no mires al suelo debajo de ti, tampoco a la cruz aplastándote. Cierra tus ojos si tienes que hacerlo, es imposible contemplar el cielo sobre ti. Pero hagas lo que hagas, no te fijes en el dolor que te está consumiendo. Si lo haces, perderás el enfoque de Mi Amor, y entonces tu sufrimiento no tendrá sentido. Debes permanecer unido a Mí a toda costa—incluso si tus sentidos 'miran al suelo y a la cruz' (el dolor consumiéndote) –debes mantener tu corazón enfocado en Mí, a través de Mi fíat. Esta pequeña lucha de fíat en tu corazón será suficiente para llevarte a través de la más infernal de las tormentas. Eso te mantendrá cerca de Mí, y por consiguiente, Yo mismo te llevaré.

En Segundo lugar, no temas cuando caes. El miedo es como una prisión o red que te atrapa y te aleja de Mí. Cuando te asusta tu vida con miedo, te paralizas y no te puedes mover hacia adelante en tu vocación, como Yo lo deseo. Cuando 'caes' en tu camino a la Cruz—no temas—no lo tomes muy seriamente. Recuerda que Yo te *permití* caer por un propósito—con el fin de profundizar tu unión Conmigo. Recuerda por favor la lección importante que te mostré en la Iglesia ayer. Tus debilidades y pecados son como polvo que Yo puedo soplar fuera de ti en un instante. Ellos no tocan tu corazón o tu alma. Incluso tus 'pecados' –realmente imperfecciones—te hacen hermoso para Mí, ya que Me muestran cuán débil y frágil eres—cuanto Me necesitas como tu Esposo y Salvador. Tus pecados son simplemente errores—así que no te asustes por ellos. ¿Sabes cuánto Amo venir, y limpiar tus pensamientos, emociones, cuerpo, espíritu, corazón y alma, con los besos de Mi Amor? Y esto nos hace uno. Cuando un esposo y esposa están juntos en amor marital, pareciera que ninguna otra forma de amor los pudiera unir con tanta cercanía. Pero si la esposa se enferma, y su esposo debe desnudarla, limpiarla—se une a ella en amor marital, mientras hace todo por ella—entonces su amor es más profundo y purificado. Y cuando Yo vengo a ti con tal Amor, Yo no tomo 'una toalla' para limpiarte de tus debilidades y lágrimas. Yo uso Mi boca. Beso tu cuerpo entero, corazón y alma—Mis pensamientos besan a los tuyos y te cambian, llenándote de Mí. Mis emociones se derraman sobre las tuyas a través de besos de amor, y el vacio es llenado. Por eso, por favor, cuando 'te abra' a Mi Amor, al permitirte 'caer' en tu camino de la Cruz—en tu crucifixión Conmigo—no tengas miedo, o pánico, o llores por tu caída. Yo permito esto para hacernos más 'uno'. Permito esto para que nos aferremos aún más el uno al otro –tú te aferras a Mí en necesidad de Mi gracia, cuidado y amor—y Yo Me aferro a ti como el buen Pastor cuidando por Mi oveja más miserable, perdida y asustada.

…Y por último, cuando caigas recuerda, por favor, que tu debilidad y heridas son disfraces—máscaras—que cubren tesoros insondables. Cuando miras que caes en tu cruz—la realidad es que estas subiendo más cerca de Mí—porque cuando tú caes, Yo me lanzo y te agarro antes que te des contra el suelo.

Te amo y te bendigo en esta nueva lección de Amor. Ahora, por favor, acuéstate y descansa en Mí—a Quien no miras—pero Quien en realidad, invisible-mente, está cerca de ti. Amén."

11.) Jesús Encuentra a Su Madre

"Pero el ángel le dijo: 'No temas, María, porque has encontrado el favor de Dios. Vas a quedar embarazada y darás a luz a un hijo, al que pondrás el nombre de Jesús. Será grande, y con razón lo llamarán: Hijo del Altísimo. Dios le dará el trono de David, su antepasado. Gobernará por siempre el pueblo de Jacob y su reinado no terminará jamás." Lc 1:30-33

"...Simeón los felicitó y, después, dijo a María, su madre: 'Mira, este niño debe ser causa tanto de caída como de resurrección para la gente de Israel. Será puesto como una señal que muchos rechazarán, y a ti misma una espada te atravesará el alma. Pero en eso los hombres mostrarán claramente lo que sienten en sus corazones.'" Lc 2:34-35

"Junto a la Cruz de Jesús estaba su madre, y la hermana de su madre, María, esposa de Cleofás, y María de Magdala. Jesús, al ver a la

Madre, y junto a ella, a su discípulo al que más quería, dijo a la Madre: 'Mujer, ahí tienes a tu hijo.' Después dijo al discípulo: 'Ahí tienes a tu madre.' Desde ese momento, el discípulo se la llevó a su casa.'" Jn 19:25-27

"Si alguien me ama, guardará mis palabras, y mi Padre lo amará y vendremos a él para hacer nuestra morada en él. Les dejo la paz, les doy mi paz. La paz que yo les doy no es como la que da el mundo. Que no haya en ustedes ni angustia ni miedo." Jn 14:23,27

Jesús, **"Mi Madre es la amada de Mi alma, ya que Ella siempre hace lo que complace a Mi Padre. La noche de Mi Cruz no solo a Mí Me dolió y se Me afligió profundamente el Corazón mientras fui herido por los pecados del hombre. También torturó grandemente el corazón inocente y tierno de Mi Madre. Ella sabía que Yo había venido a la tierra para sufrir; habíamos hablado de eso muchas veces, como tam-**

bién lo había hecho con Mis Apóstoles. Pero
así como fue duro hablar de tales cosas, fue
aún más difícil para Ella soportarlas,
cuando se encontró con la Cara de Su Hijo
sufriente, en Su camino para morir en el
Calvario. Pero Ella era Mi esperanza,
porque Ella guardó en Su corazón la verdad
de la esperanza que Yo le había dado,
cuando hablé antes sobre Mi resurrección.
Su corazón se sintió desamparado, porque
supo, cuando Me encontró en Mi camino,
que incluso un delicado golpe de Su amor,
daría a Mis heridas más dolor. Y por eso,
también Su amor se mantuvo silencioso y
quieto, mientras nuestros corazones se
besaron en un fíat de Amor obediente al
Padre, a través del encuentro de nuestros
ojos. Mi Madre no solamente soportó
Conmigo Mi crucifixión, sino que Ella
también sufrió Conmigo Mi Pasión
completa, cuando permaneció una con Mi
alma, a través de todo. Ella sufrió Su
martirio Conmigo, mientras Su corazón
con el Mío era crucificado en la Cruz. Yo la

dejé en la tierra para que fuera la Madre del crucificado, llena del Amor de Mi Corazón. Oh, ¿cómo puedo explicarte un encuentro de tal Amor íntimo que ocurrió entre Su corazón y el Mío en Mi camino a la Cruz? Su amor Me traspasó y Me fortaleció, mientras Mi Amor herido llenaba Su alma de forma plena. Y de alguna manera, a pesar de todo, Su corazón junto con el Mío, encontró paz en Mi sangre.

… Hoy te pido que bebas la copa de Mi Madre, de la Mía, y que vivas esta estación Conmigo, por Amor a Mí. Tú vas a ser Mi rostro de Amor sufriente, el cual se une con otros cuando te encuentran en tu camino al Calvario. Tu corazón llevará Mi tierna mirada de esperanza debajo de tu rostro estropeado, y de tu alma herida. Y Mi Madre se unirá contigo, en una mirada profunda de Amor, diciendo 'fíat' contigo, al conocerla a ella y a ella dentro de muchas otras personas en tu camino de sufrimiento. Mi Madre no solo me ofreció el consuelo de Amor cuando nuestros corazones se besaron a través de nuestros ojos—sino que le di la gran fuerza que necesitaba para soportar el Calvario hasta el final. Yo no podía verla bien, porque mis ojos estaban llenos de sangre y suciedad, pero le permití mirarme con cariño para recibir fortaleza. Y Mi Corazón la miró muy claramente, ya que Yo conocía Su Amor puro. Y cuando estés ciego, debes saber que los ojos de tu corazón siempre pueden mirarme en fe, para recibir fortaleza. No seas Marta en oración, sino que sé María. Sé Mi Madre María quien descansó a Mis pies, tropezando con Mi crucifixión en Amor atento. Al vivir todo esto, somos hechos uno, unidos profundamente como uno. Amén.

Deja que Mi bendición cante Mi fíat de Amor en ti. Amén."

12.) Simón, el Cirineo, Ayuda a Jesús a Cargar Su Cruz

"Al salir encontraron a un hombre de Cirene, llamado Simón, y le obligaron a que cargara con la cruz de Jesús." Mt 27:32

"Entonces los soldados sacaron fuera a Jesús para crucificarlo. Al salir, se encontraron con Simón de Cirene (padre de Alejandro y de Rufo), que volvía del campo, y lo obligaron a llevar la cruz de Jesús." Marcos 15:21

"Cuando lo llevaban, tomaron a un tal Simón de Cirene que volvía del campo, y le cargaron la cruz de Jesús para que la llevara detrás de él." L 23:26

Jesús, **"Simón fue Mi rostro de compasión en el mundo. En Simón Yo mostré al mundo lo que significa amar y ayudar a su Salvador. Si, Simón ayudó grandemente a Mi cuerpo fatigado al tomar la Cruz sobre** su propia espalda, por Mí. Pero Yo ayudé grandemente a su alma, al permitirle participar, compartir físicamente Conmigo, en el sufrimiento de Mi Pasión. Y él fue la única persona a la que le permití esa gracia en ese momento. ¿Por qué compartí Mi Cruz con Simón? Porque él necesitaba amar; necesitaba que su fuerza, así como el amor de su alma humilde fueran necesarios. Este gesto de amor que hizo por Mí, al ayudarme a cargar Mi Cruz, permitió que se derramaran grandes gracias sobre él, sus hijos y sobre Mi Iglesia entera. Ya que él enseñó con su ejemplo que no solo era posible, sino muy bueno ayudar a su Salvador, sufriendo bajo el peso de su pecado. La compasión de Simón fue mostrada en acción física, y esto complació grandemente a Mi Padre. Cuando compartí Mi Cruz con él, también compartí con él Mi Amor, los medios que necesitaba para cargarla.

¿Y qué pasó en Mi alma mientras él tomó de Mí, el peso físico de la Cruz? Mi

Corazón estaba agobiado por una oscuridad aún mayor, que Me invadía. Satanás Me atormentó diciendo que Yo no podría completar la voluntad de Mi Padre, porque era muy débil. Y tentaciones rodearon Mi mente haciendo que me mareara, cayendo al suelo. Sin embargo, Mi Corazón continuó en fiel—incluso alegre—fíat a Mi Padre, ya que estaba alegre de tomar sobre Mí mismo las tentaciones que Mis hermanos ya tenían, y sufrirían. Mi cuerpo y Mi alma estaban débiles, pero Mi Amor era fuerte.

Nunca temas tomar las cruces de otros, como carga propia, si Yo la coloco en tu Corazón. Con esto Me muestras compasión, como hizo Simón. Y con esto te estiro el corazón, haciéndolo aun más capaz de recibir Mi Amor Divino, al entrar a ayudarte a cargar tu Cruz, en el Amor. Ya que tus cruces en la vida son simplemente pedazos de Mi propia Cruz. Sé Mi rostro de compasión en el mundo, mientras te permito cargar Mi Cruz. Ahora descansa en

Mi Amor tu cansada cabeza, manos y corazón. Y escúchame enseñarte en silencio. Y Yo te bendigo. Amén."

13.) Jesús encuentra a Verónica, Quien le Limpia Su Rostro

"He ofrecido mi espalda a los que me golpeaban, mis mejillas a quienes me tiraban la barba, y no oculté mi rostro ante las injurias y los escupos." Is 50:6

"Así como muchos quedaron espantados al verlo, pues su cara estaba tan desfigurada que ya no parecía un ser humano; así también numerosos pueblos se asombrarán, y en su presencia los reyes no se atreverán a abrir la boca cuando vean lo que no se había visto;" Is 52:14,15a

"Lo mismo, el que dé un vaso de agua fresca a uno de los míos, porque es discípulo mío, yo les aseguro que no quedará sin recompensa." Mt 10:42

"...Sus ojos parecen llamas de fuego. Sus pies son semejantes a bronce pulido, cuando está en horno ardiente. Su voz es como estruendo de grandes olas... Al verlo, caí como muerto a sus pies; pero me tocó con la mano derecha y me dijo: 'No temas nada, soy Yo, el Primero y el Último. Yo soy el que vive; estuve muerto y de nuevo soy el que vive por los siglos de los siglos, y tengo en mi mano las llaves de la muerte y del infierno."
Ap 1:14b-15, 17-18

"Sus ojos son llamas de fuego y en la cabeza lleva coronas numerosas. Tiene escrito un nombre que nadie comprende sino él. Anda envuelto en una capa teñida de sangre. Su nombre es: El Verbo de Dios. Lleva escrito en la capa y en el muslo este título: 'Rey de reyes y Señor de señores." Ap 19:12-13,16

"Yo te alabo, Padre, Señor del Cielo y de la

tierra, porque has mantenido ocultas estas cosas a los sabios y prudentes y las revelaste a la gente sencilla. Sí, Padre, así te pareció bien...Vengan a mí los que se sienten cargados y agobiados, porque yo los aliviaré. Carguen con mi yugo y aprendan de mí que soy paciente de corazón y humilde, y sus almas encontrarán alivio. Pues mi yugo es bueno, y mi carga liviana." Mt 11:25,28-30

Jesús, "**Le di Mi rostro a Verónica para que lo limpiara, como un acto de amor hacia ella. Le permití amarme, porque su corazón estaba muy movido a hacerlo. Y su amor fue un gran testigo de esperanza en la noche oscura de la Cruz. Su amor fue una pequeña luz, junto a Simón, Mi Madre y a las mujeres que lloraban compadeciéndose de Mí, un signo de Mi Amor conquistando en los corazones, aún en medio de tal odio cruel. Yo quise enseñar a Verónica, y al mundo entero, una lección en el manto donde dejé la imagen de Mi rostro. Quise enseñarles que cuando Me aman y son** bondadosos por Mí, dejo la huella en el 'manto' de sus corazones como un testimonio de su amor. Esto también es para recordarles, en sus momentos de duda, de Mi presencia y Amor con ellos. Si Mi Padre muy graciosamente recompensa un pequeño acto de bondad a uno de Sus pequeños, porque va en Mi nombre, cuanto más recompensó a Verónica, y a todos aquellos en el mundo, quienes valientemente mostraron compasión en Mi sufrimiento oscuro. Verónica no se enfocó en los gritos de insultos rodeándome; no, su único foco de intención fue en Mí, y en el milagro de Amor que Yo estaba viviendo frente a ella. Si tan solo más almas amaran como ella lo hizo, si tan solo más almas Me mostraran su cuidado amoroso en Mi gran sufrimiento, como ella lo hizo. Yo sé que siempre has amado mucho a Verónica. Ella siempre tuvo un lugar cerca de tu corazón, por su amor valiente y apasionado hacia tu miserable Salvador. Llamo a toda la gente a imitar a Verónica, aunque en maneras diferentes. A algunos los llamo para que Me amen en Mi Pasión, mostrando compasión a otros –a los pobres y a Mis pequeños. A otros los llamo a 'limpiar Mi rostro' cuando predican sobre compasión y Mi gran acto de Amor en el Calvario. A otros los llamo para que Me consuelen por medio de la oración por sus hermanos y hermanas en el mundo que están muy lejos de Mí. Pero a ti, a ti te llamo para que limpies Mi rostro sangrando y que consueles Mi Corazón fatigado como Mi esposa, simplemente entregándote a Mi Amor y permitiéndole que te capture y cautive. A ti te llamo para que imites su amor al imitar el Mío –ya que Yo he llamado a Verónica para que limpie Mi rostro. Fue Mi acto de Amor el que trabajó a través de su corazón; ella simplemente escuchó y respondió. Yo te llamo a compartir Conmigo en Mi Pasión, al decir simplemente fíat en amor entregado y obediente a Mi cuerpo crucificado, corazón y vida, abriéndose dentro de ti. Al descansar Conmigo, tu Esposo, en una unión de Amor Crucificado, Me darás gran consuelo. Vas a ser una Víctima del Amor y de la Misericordia Conmigo, en Mi camino de la Cruz. Vas a sufrir junto a Mí, tomando los pecados de los demás dentro de tu corazón, para responder con gran amor indulgente. Con esto serás Mi pequeña Verónica, Mi 'verdadera imagen' en el mundo[5]. Y en esto agradarás a Mi Padre. Este es Mi trabajo en ti, como era Mi trabajo que llamó amor del corazón de Verónica, en Mi jornada a la Cruz. Siempre hay conquista de Amor, una gran belleza escondida y una profunda unión Conmigo, tu Salvador, en medio de Mi Pasión y muerte en tu vida. Regocíjate Conmigo, Mi hija, Mi esposa amada, que yo te he abierto tan profundamente para compartir Conmigo Mi copa tan llena. Y te bendigo en Mi Amor compasivo, para que en tu unión viva Conmigo, Mi compasión sea esparcida en el mundo. Amén."

---

[5] El nombre 'Veronica' viene del latin 'Vera Icon', que significa 'imagen verdadera.'

14.) Jesús Encuentra a las Mujeres que Lloraban

"Lo seguía muchísima gente, especialmente mujeres que se golpeaban el pecho y se lamentaban por él. Jesús, volviéndose hacia ellas, les dijo: 'Hijas de Jerusalén, no lloren por mí. Lloren más bien por ustedes mismas y por sus hijos. Porque está por llegar el día en que se dirá: Felices las madres sin hijos, felices las mujeres que no dieron a luz ni amamantaron. Entonces se dirá: ¡Ojalá que los cerros caigan sobre nosotros! ¡Ojalá las lomas nos ocultaran! Porque si así tratan al árbol verde, ¿qué harán con el seco?" Lc 23:27-31

"Y él ofreció su vida como sacrificio por el pecado. Por esto, verá a sus descendientes y tendrá larga vida, y por él se cumplirá lo que Dios quiere. Después de las amarguras que haya padecido su alma, verá la luz y será colmado. Por su conocimiento, mi siervo justificará a muchos y cargará con todas sus culpas…Se ha negado a sí mismo hasta la muerte, y ha sido contado entre los pecadores, cuando en realidad llevaba sobre sí los pecados de muchos, e intercedía por los pecadores." Is 53:10b-12

Jesús, **"Mi Amor tierno llamó a las mujeres en la multitud siguiéndome. Ellas escucharon Mi voz de Amor, y a causa de eso lloraron. Miraron el gran contraste entre el trato brutal que recibí, el odio rodeándome, Mi rostro estropeado y la respuesta amable del Amor completamente misericordioso que perdonó todo. Pero ellas lloraron por Mí, ya que Me amaban y lo que traté de ayudarles a través de Mis palabras, fue que lloraran por las almas que cometieron el pecado odioso el cual era visible, hasta cierto punto, en Mi cuerpo. No hay que compadecerme, ya que Yo era un Dios-Hombre Quien conquistaría en Amor. Yo quise compartir con ellas Mis sufrimientos más profundos, y por eso les mostré a quienes compadecer, a ellas** mismas y a sus hijos—ya que fue su pecado el que Me crucificó. Algunos de los que estuvieron presentes en Mi crucifixión, y algunos de sus hijos se enredarían profundamente a sí mismos en su pecado, que cuando miraran la Luz y la Verdad de Mi Amor, desearían esconderse de Mí (pidiéndole a las lomas y a las montañas esconderlos) en vez de traer a Mí sus corazones heridos por el pecado para ser sanados, perdonados, salvados y restaurados. De ellos había que compadecerse, de todos aquellos de quienes el amor y perdón era menos perfecto que el Mío. Pues hasta donde su amor se alejó de Mí, así de lejos estarían ellos de permitir que Mi Padre los colmara con la vida venidera. Los pecados del hombre, vistos claramente en Mi crucifixión, serían tan odiosos, que las madres se arrepentirían de haber tenido niños; ellas mirarían que una vida física no vale nada si la vida espiritual de esa persona no está en unión con Dios. Yo tenía gran esperanza en el sufrimiento de Mi Pasión, mientras me aferraba a Mi voluntad en un 'fíat' fiel de Amor obediente, a la verdad de que Mi Amor era más grande que el pecado, Mi Luz más brillante que las tinieblas y Mi Verdad más grande que todo el engaño y el odio rodeándome. Sin embargo, a estas mujeres, como las compadecí, ya que eran tan débiles en su fe. Ellas perderían la esperanza en las tinieblas, se desesperarían en el amor. Pero cuando resucite de entre los muertos les devolveré todo, así como le devolví la fuerza, el valor y el amor a Pedro, para que fuera más grande de lo que era antes de que cayera. En las heridas de Pedro, y en las de ellas pondré Mis heridas para ser sanadas. Pero las tinieblas y el arrepentimiento que sufrirían, era digno de compadecerse ya que no lo soportaron con Mi esperanza y Amor. Si estas cosas pasaron cuando la 'leña estaba verde', cuando Yo era visible entre ellas, y las gracias del Amor de Mi Padre ricamente llenando sus corazones, ¿cómo sería de profundo el pecado y la oscuridad, cuando

Yo fuera llevado de regreso al cielo, cuando no estuviera físicamente visible, cuando el madero de Mi Cruz—una vez verde con vida de Mi sangre—estuviera 'seco'? ¿Quién predicaría cuando Mi madero estuviera seco? ¿Quién difundiría Mi mensaje de Amor a los niños de estas mujeres? Muchos serían necesitados. ¿Serían los corazones lo suficientemente humildes para responder a Mi llamada de Amor?

Te pido en tu noche de la Cruz que nunca te compadezcas de ti mismo –así como Yo no me compadecí de Mí mismo. Mira a esos que te hieren, y compadécete de sus corazones –perdidos en pecado, heridos en debilidad o simplemente cerrados a los grandes misterios de Amor que comparto contigo. Compadece a esos a quienes sus pecados te lastimaron, y Me hicieron sufrir en ti. Y regocíjate en tus sufrimientos— porque cuando tú Me permites compartir Mi Pasión, abriéndola dentro de ti, Me estas permitiendo dar vida desde Mi Cruz— permitiendo a Mi sangre fluir sobre Mi

Cruz, en tu interior. Esto regará la tierra árida y seca de los corazones en tu mundo de hoy. Con esto mantendrás la madera seca de Mi Cruz—tan olvidada y descuidada por muchos –verde con vida de Mi sangre y Amor fluyendo en ti. Siempre permite a Mi esperanza y Amor llenar tu corazón en tinieblas. Mantén siempre tus heridas abiertas, desnudas y vulnerables en la noche, confiando que Mi mano te sostendrá y guiará en ellas. Con esto puedo derramar Mi paz, esperanza, perdón, Amor y verdad a través de ellas, haciéndolas no únicamente soportables, sino bebida dulce para esos a tu alrededor, en el mundo. Te doy Mi bendición desde Mi beso en la Cruz. Descansa siempre en Mí. Porque esto, y solo esto ha de ser el trabajo de tu vida. Amén."

15.) Jesús Es Despojado de Sus Ropas

"Más yo soy un gusano y ya no un hombre, vergüenza de los hombres y desprecio del pueblo. Todos los que me ven, de mi se burlan, muecas hacen y mueven la cabeza. ¡Confía en el Señor, pues que lo libre; que lo salve, si es cierto que es su amigo!'" Sal 22:7-9

"Esta gente me marca y me vigila. Reparten entre sí mis vestiduras y mi túnica se juegan a los dados." Sal 22:18b-19

"Después se repartieron sus ropas, sorteándoselas. La gente estaba ahí mirando: los jefes, por su parte, se burlaban..." Lc 23:34b-35a

"Se repartieron su ropa en cuatro partes iguales, una para cada soldado. En cuando a la túnica de Jesús, que era sin costura, de una sola pieza, decidieron: 'No la rompamos, más bien echémosla a la suerte, a ver de quien será.' Así se cumplió una profecía...." Jn 19:23b-24a

"El, siendo de condición divina, no

reivindicó, en los hechos, la igualdad con Dios, sino que se despojó, tomando la condición de servidor, y llegó a ser semejante a los hombres. Más aún: al verlo, se comprobó que era hombre. Se humilló y se hizo obediente hasta la muerte, y muerte en una cruz." Fil 2:6-8

"Mira que estoy a la puerta y llamo; si alguien escucha mi voz y me abre, entraré a su casa a comer, Yo con él y él conmigo." Ap 3:20

"Yo dormía, pero mi Corazón estaba despierto. Oí la voz de mi amado que me llamaba: 'Ábreme, hermana mía, compañera mía, paloma mía, preciosa mía; que mi cabeza está cubierta de rocío, y mis cabellos, de la humedad de la noche.' Me quité la túnica, ¿tendré que ponérmela otra vez? Me lavé los pies, ¿Cómo voy a volver a ensuciármelos?" Can 5:2-3

"Los dos estaban desnudos, hombre y mujer,

pero no por eso se avergonzaban." Gen 2:25

Jesús, **"Tuve que agregar estos últimos dos versos por una razón muy importante. Sufrí grandemente cuando fui despojado de Mis ropas antes de Mi crucifixión, en Amor; Sufrí las burlas del hombre, impureza y crueldad odiosa. Sin embargo, no sufrí vergüenza. Mi cuerpo era un gran regalo de Mi Padre, el cual me permitió hacer visible nuestro Amor, y no estaba avergonzado de este regalo hermoso de Amor puro. Debes mirar siempre este sufrimiento Mío en la desnudez, como un sufrimiento en el Amor conyugal. Había sufrido grandemente hasta este punto, sin embargo, fue como la preparación para Mi entrega total, en el Amor conyugal, en la Cruz. Tenía que estar desnudo en la noche de la Cruz, para poder darme a Mí Mismo en Amor total, vaciando Mi vida a Mi Esposa –la Iglesia—y a todas las almas que deseaban recibirme. Mi regalo era para todos. Y era Marital. Tienes que mirar la belleza profunda de Mi regalo** de Amor Marital esa noche. Quiero que veas ese pasaje del Cantar de los Cantares, como siendo todo dicho por Mí. Yo vengo a un alma y Me presento en Amor sufriente. Llamo a la puerta de sus corazones con la voz del tierno Amor de Mis heridas. Estoy preparado, desnudo, para entrar y darme completamente a Mí mismo en Amor— para cenar con el alma en la mesa del Amor Conyugal de Mi Cruz. Mi pelo está húmedo con el rocío de Mi Pasión, y mientras soy despojado de mis ropas, estoy preparado, en cierta forma, en Mi vestido nupcial, para darme completamente a Mí mismo a Mi amada. Te he hablado bastante sobre el misterio de Mi desnudez, de Mis sufrimientos y del gran Amor en ella, pero puedo hablar más y más. Ya que este misterio es temido y evitado por muchos, y, sin embargo, tan lleno de Amor puro, el cual los corazones necesitan hoy. Estaba desnudo para llevar Mis heridas desnudas y abiertas al mundo—para abrir sus corazones para recibir Mi Amor, y para que Me amen a cambio. Estaba al descubierto— despojado de Mis ropas y despojado de Mi carne –para que pudiera abrir los corazones más cerrados. Estaba desnudo, dócil y vulnerable en Amor, para llamar también a otros a la pureza humilde. Quería dar todo de Mí mismo—no tener barreras entre Mi cuerpo y Mi corazón, y las muchas almas que Yo abrazaría en Amor en la Noche de Mi Cruz. Al apretarte contra Mí, en la noche de la Cruz, tú también debes ser desnudada para que nada se interponga entre nuestro Amor. Para recibir Mi Amor Conyugal debes estar desnuda en confianza, abierta y vulnerable en Mis brazos sobre la Cruz. Con esto, Mis heridas te herirán, Mi Amor te unirá y te llenará, Mi Vida se vaciará en ti y Mi Resurrección vencerá en ti. Debes estar deseando estar así de cerca de Mí; y con esto te concedo el Amor profundo, puro, desinteresado, y misericordioso de la noche de Mi Cruz. Eso es todo por ahora. Descansa en Mis heridas, desnudo y uno Conmigo. Esta es Mi

bendición para ti…Amén."

16.) Jesús Es Clavado a la Cruz

"Yo soy como el arroyo que se escurre, todos mis huesos se han descoyuntado. Mi corazón se ha vuelto como cera, dentro de mis entrañas se derrite. Mi garganta está seca como teja, y al paladar mi lengua está pegada. Me reduces al polvo de la muerte. Como perros de presa me rodean, me acomete una banda de malvados. Mis manos y mis pies han traspasado. Y contaron mis huesos uno a uno." Sal 22:15-18a

"…Ahí lo crucificaron…luego se sentaron a vigilarlo. Encima de su cabeza habían puesto un letrero que decía por qué lo habían condenado: 'Este es Jesús, el rey de los judíos.' También crucificaron con él a dos ladrones, uno a su derecha y el otro a su izquierda. Los que pasaban por ahí, movían la cabeza y lo insultaban, diciendo: ¡Hola!, tú que derribas

el Templo y lo reedificas en tres días, líbrate del suplicio, baja de la cruz si eres Hijo de Dios' Los jefes de los sacerdotes, los jefes de los judíos y los maestros de la ley lo insultaban, diciendo: 'Ha salvado a otros y no puede salvarse a sí mismo…Ha puesto su confianza en Dios; si Dios lo ama, que lo libere.' Hasta los ladrones que estaban crucificados a su lado lo insultaban."
Mt 27:35a, 36-42a, 43a, 44

"Le dieron vino mezclado con mirra, pero él no lo bebió. Lo crucificaron y se repartieron sus ropas." Mc 15:23-24a

"Cuando llegaron al lugar llamado de la Calavera, lo crucificaron a él y a los malhechores, uno a la derecha y el otro a la izquierda." Lc 23:33

"Y cuando Yo haya sido levantado de la tierra, atraeré a todos a mí." Jn 12:32

"Allí lo crucificaron, y con él a otros dos, uno a cada lado y en el medio a Jesús." Jn 19:18

"Los otros discípulos, pues, le dijeron: 'Vimos al Señor'. Contestó: 'No creeré sino cuando vea la marca de los clavos en sus manos, meta mis dedos en el lugar de los clavos y palpe la herida del costado.'…Después dijo a Tomás: 'Ven acá, mira mis manos; extiende tu mano y palpa mi costado. En adelante no seas incrédulo, sino hombre de fe.'" Jn 21:25,27

"Así como Moisés levantó la serpiente en el desierto, así también es necesario que el Hijo del Hombre sea levantado en alto, para que todo aquel que crea tenga por él vida eterna." Jn 3:14-15

Jesús, **"Mis manos y mis pies fueron traspasados por clavos; sin embargo, Mi Corazón y Mi alma fueron traspasados por el pecado del hombre. Después de que me desnudaron, fui puesto en el suelo de forma** brusca. Mis manos y pies atados por cuerdas fueron amarrados al madero de la Cruz y después, uno a uno, clavaron Mis miembros completamente. Mientras el metal atravesaba Mi piel, penetró profundamente en mis nervios, cortándome en brotes de dolor a lo largo de Mi cuerpo entero. El clavo fue puesto primero en Mi mano derecha, lo que simboliza todo el sufrimiento que soporté por el bien de la paz y la unidad, no únicamente entre mis hijos, sino también dentro de sus almas, entre ellos y Dios. Sufrí para ofrecerles paz en la hostilidad de sus vidas reinadas por el pecado. Después Mi brazo izquierdo fue jalado y estirado, dislocándose en el hombro. Este fue un gran dolor, que me causó sentir el dolor de Mi mano izquierda a un grado menor. Mi mano izquierda fue traspasada por el bien de la pureza, para salvar y restaurar a aquellos atacados por tentaciones malignas para pecar, y por aquellos perdidos, especialmente, en pecados de impureza. Solo un corazón puro puede ver a Dios, y por eso Yo sufrí este dolor de Mi mano y hombro izquierdo para purificar los corazones, tan sucios por el pecado, para que Mi Amor pudiera entrar a sanar, llenar y restaurarlos para el reino de Mi Padre. Después, un soldado bruscamente se sentó en Mis piernas, hasta que Mis pies fueron puestos en el lugar del agujero del clavo. Cuando Mis piernas fueron estiradas y movidas de esta y de otra manera, Mi cuerpo entero tembló con dolor, ya que los clavos en Mis manos –los que fueron directamente a través de mis nervios, fueron rasgados y rotos. Cuando Mis pies recibieron los golpes del martillo junto con el clavo perforándolos en su lugar, Sufrí grandes torrentes de dolor disparando hacia Mi espalda, el cual ofrecí especialmente por el don de la humildad. La humildad es un tesoro ofrecido por Mi Padre a todas las almas, pero solamente aceptada por unas pocas. Es una virtud sin la cual nadie puede venir a Nuestro Amor. Yo, Quien era el Hijo de Dios, doblé Mis

Fuertes y poderosas piernas en obediencia humilde, renunciando a Mi propio control de Mi Vida, para confiar únicamente en el plan de Amor de Mi Padre, en Mis últimos y más grandes momentos de prueba. Mis pies con heridas abiertas son un regalo para Mis más pequeños, porque ellos están cerca del suelo donde pueden venir a tomar libremente cuando deseen y necesiten. Si solo Mi gente recibiera todas las gracias de humildad que Yo ofrezco de las heridas de Mis pies, sería muy fácil para ellos entrar al Reino de Mi Padre. Por último, pararon recta Mi Cruz. Todo el dolor disparándose de Mis nervios se incrementó cuando Mi peso completo colgó de ellos. Fue un clamor de dolor, una tormenta de dolor, que en ese momento Me atormentaba el cuerpo, pero más a Mi alma. Todo pareció estar perdido en dolor crucificado, sin embargo, Mi Corazón pequeño latió en alabanza y Amor de la voluntad y gloria de Mi Padre. Mi alma rezó 'Aleluya', mientras Mis miembros empezaron a morir.

¿Cómo son tres horas en la Cruz? Cada momento trae con él la novedad de dolores que nunca sanarán, pero se abren más y más, hasta la muerte. El tiempo se detiene en el dolor y casi parece irrelevante. No conté los segundos hasta que el sufrimiento terminara; Yo mismo no sabía cuando terminaría. Esperé en la oscuridad al mundo, y la invitación de Mi Padre. No conté el tiempo, pero viví de aliento en aliento, de fíat a fíat, de Amor a Amor. Paré de vivir en la tierra en esos momentos, mientras Mi Amor, obediencia y perdón se expandían del tiempo a la eternidad, restaurando y perdonando todo. Sin embargo, todo lo que vi fue oscuridad.

Y...sin embargo... ¿qué significa, que clavos que Me sujetaron a la Cruz, Me perforen y atraviesen el centro de Mis nervios? Significa que Mi dolor y Amor alcanzaría cada esquina de Mi ser, y restauraría toda Mi vida. Mientras los clavos perforaron Mis nervios, un dolor increíble recorrió todo Mi cuerpo, conectado por el sistema nervioso. Estos eran los lugares más sensitivos, los cuales fueron atormentados con el sufrimiento humano. Mientras los clavos perforaban Mi cuerpo en Mis nervios, pareciendo arrasar y consumirme en sufrimiento físico y Amor crucificado, las partes más suaves, abiertas, sensibles y vulnerables de Mi mente, imaginación y emociones fueron atacadas por el tormento de las tinieblas, como también la confusión y el miedo. Mi memoria fue perforada a través de los nervios, causándome 'olvidar' el Amor fiel de Mi Padre, mientras Mi Corazón aun 'recordaba' y creía. satanás, con sus tentaciones y burlas ridículas, entró en el Amor más profundo de Mi Corazón—de Mi Padre, Mi Madre, Mis discípulos y amigos—tratando de separarme y desgarrarme de la Verdad del cariño de Mi Padre, por ellos. Todo en Mi vida pareció estar lastimado en ese momento, y este dolor en los 'nervios' de Mi cuerpo y alma, se estiraría en el tiempo, tardando muchos años, mientras permanecía perforado en tan profundo Amor, en la Eucaristía. Sí, Mi Amor Resucitado entraría y sanaría. Pero esto sería vivido junto con Mi Crucifixión. Sin embargo, Me aferré a la esperanza de que tan profundo y lejos, como Mi sufrimiento se extendía, estaría unido con Mi Padre cargándome, en Fe de Su Amor. Esta es también la lección para tu vida. Es muy simple. Mientras comparto los sufrimientos más profundos del dolor de la noche de Mi Cruz, resonarán en tu cuerpo y alma, en el centro de tus nervios más vulnerables y sensibles. Parecerá que te consumen. Pero debes recordar que este es únicamente Mi Amor Crucificado consumiéndote. Con esto Me estoy moviendo profundamente en tu Amor Conyugal, en una danza de Amor para llenarte con toda Mi vida—todo el Amor de Mi Corazón. Permanece abierto y recíbeme, esto te pido. Mientras Me muevo de simplemente besarte en las partes externas de tu vida; profundamente en ti, en el núcleo de tu ser, pondré Mi Amor

Crucificado, Mi Vida, en el centro de tus nervios. Este se esparcirá, consumiéndote completamente en dolor, en fíat. Tú morirás, de esta manera, en Mi Amor, a Mi Amor y por Mi Amor y con esto serás profundamente hecho uno, conmigo, en la noche de Mi Cruz. Esta será la alegría de tu corazón, ya que estaremos unidos completamente como uno. Y mientras Mi Resurrección entra para restaurar y vencer todo, nosotros estaremos unidos para siempre como uno solo, en la eternidad. Y Yo te bendigo. Amén."

17.) Jesús Ofrece Gran Misericordia Desde la Cruz

"Pero Yo les digo a ustedes que me escuchan: 'Amen a sus enemigos, hagan el bien a los que los odian, bendigan a los que los maldicen, rueguen por los que los maltratan. Sean compasivos, como es compasivo el Padre de ustedes." Lc 6:27-28,36

"Mientras tanto Jesús decía: 'Padre, perdónalos, porque no saben lo que hacen.'" Lc 23:34

"Uno de los malhechores crucificado, insultándolo, le dijo: ¿'Así que tu eres el Cristo? Sálvate, pues, y también a nosotros.' Pero el otro lo reprendió, diciéndole: ¿'No temes a Dios, tú que estas en el mismo suplicio? Nosotros lo tenemos merecido, y pagamos nuestros crímenes. Pero él no ha hecho nada malo.' Y añadió: 'Jesús, acuérdate de mí cuando llegues a tu Reino.' Respondió Jesús: 'En verdad, te digo que hoy mismo estarás conmigo en el Paraíso.'" Lc 23:39-43

"Junto a la cruz de Jesús estaba su madre, y la hermana de su madre, María, esposa de Cleofás, y María de Magdala. Jesús, al ver a la Madre, y junto a ella, a su discípulo al que más quería, dijo a la Madre: 'Mujer, ahí tienes a tu hijo.' Después dijo al discípulo: 'Ahí tienes a tu madre.' Desde ese momento, el discípulo se la llevó a su casa." Jn 19:25-27

Jesús, "**El Amor misericordioso que viví en unión con Mi Padre se extendió por toda Mi vida, e incluso, profundamente en la noche de la Cruz. Cuanto más nos denigraban y odiaban, más grandes eran los portales de misericordia que se abrían de las heridas de Mi Corazón, fluyendo para restaurar de nuevo a la vida, a aquellos que pecaron en Mi contra, en unión completa con Nuestro Amor Trinitario. Yo no vine a la tierra para simplemente predicar misericordia, sino para ser sacrificio viviente de Amor de la misericordia. Vine para ser misericordia en medio de un mundo que, hundido en el pecado, había olvidado el nombre de la misericordia. Y así como ellos habían olvidado mostrar misericordia a los demás, habían perdido completamente su relación con ella, haciendo imposible para que sus corazones recibieran la Mía. Un corazón es abierto para recibir misericordia, al mostrarla. Como Dimas, el ladrón bueno**

Me mostró misericordia en la Cruz, su corazón fue abierto para recibir la Mía. Yo recé Mi oración de perdón en la Cruz, por aquellos que se equivocaron Conmigo, para que al pedir misericordia en su nombre—y al sufrir por esta petición—sus corazones fueran abiertos para recibir el gran don de misericordia que Mi Padre deseó compartir con ellos, en Mi sangre. Y el regalo que fue Mi Madre para Juan, y para toda la humanidad, fue un acto de Mi misericordia viviente, como también de la Cruz. Misericordia y perdón no es simplemente algo que alguien debe decir o pensar, sino que tiene que ser real, concreta, vivida, visible. El Amor indulgente debe ser visible. Y por eso, Yo di Mi madre a Juan, y a todos aquellos en el mundo que Me habían herido, ridiculizado o incomprendido. Yo la di como un regalo de misericordia, que sabía que también sería algunas veces olvidada, ridiculizada o incomprendida. Pero di Mi Amor visible en Ella, ya que Ella siempre vivió misericordia en unión con Mi

Corazón. Ella es el regalo más grande de Mi Amor misericordioso para los pecadores y para toda la humanidad, porque en Ella encontrarían Mi compasión, perdón, humildad y Amor puro y tierno, después de haberme ido, después de haber muerto en la Cruz. En Ella, encontrarían Mi promesa y oración de misericordia, 'Padre, perdónalos, porque no saben lo que hacen.' En Ella encontrarían el refugio del Amor de Mi Corazón, para cuidar de sus almas heridas y para animarlos, interceder por ellos, amarlos y sanarlos en Mi nombre, a través de Mi sangre, la cual Ella siempre atesoró mientras la llevaba en Su corazón. Yo derramé Su sangre ese día, ya que recibí toda Mi humanidad de Ella. Como también derramé tu sangre, ya que tú y Yo nos hemos convertido en uno solo. Yo derramé la sangre de todos los mártires—en sangre y en Amor—derramé la sangre de todos aquellos quienes sufren y pecan en el mundo, para hacer un ofertorio para salvarlos. Y cuando tú también sufres en la noche oscura de tu cuerpo y de tu alma, tú derramas Mi sangre en el mundo—ya que Yo he venido a vivir profundamente en ti— no únicamente en Mi Amor crucificado y sufrido, sino también en Mi Eucaristía. Somos uno en sufrimiento, y debemos ser uno en Amor misericordioso. Ya que el primero es inútil sin el segundo. Y por eso, Yo te ofrezco esta noche, Mi gran bendición de Amor misericordioso—un Amor que vive, visiblemente, el perdón como una oblación por el pecado. Y te pido, mientras entras y te mueves más profundo entre Mis heridas, que bebas de la gracia que te doy, para vivir Mi misericordia rica en tu Amor sufrido. Con esto, tu corazón será abierto y extendido aún más para recibir Mi misericordia—y en esto, seremos unidos como uno solo. Y te bendigo, en Mi Nombre y en Mi Amor. Amén."

18.) Jesús Tuvo Sed

"Yo soy como el arroyo que se escurre, todos

mis huesos se han descoyuntado. Mi corazón se ha vuelto como cera, dentro de mis entrañas se derrite. Mi garganta está seca como teja, y al paladar mi lengua está pegada. Me reduces al polvo de la muerte."
Sal 22:15-16

¿"Hasta cuándo, Señor, seguirás olvidándome? ¿Hasta cuándo esconderás de mí tu rostro? ¿Hasta cuándo sentiré recelos en mi alma y tristeza en mi corazón, día tras día?"
Sal 13:2-3

"Después de eso, sabiendo Jesús que ya todo se había cumplido, dijo: 'Tengo sed.'" Jn 19:28

"Jesús, cansado por la caminata, se sentó sin más, al borde del pozo. Era cerca del mediodía. Una mujer samaritana llegó para sacar agua, y Jesús le dijo: 'Dame agua.'" Jn 4:6-7

"Jesús le contestó: ¡'Si tu conocieras el Don de Dios! Si tú supieras quien es el que te pide de beber, tú misma me pedirías a mí. Y yo te daría agua viva.'" Jn 4:10

"Al que tenga sed yo le daré gratuitamente del manantial del agua de la Vida." Ap 21:6b

"Desde el mediodía hasta las tres de la tarde, se cubrió de tinieblas todo el país. Cerca de las tres, Jesús gritó con fuerza: Elí, Elí, lama sabachthani. Lo que quiere decir. Dios mío, Dios mío, ¿por qué me has abandonado?'" Mt 27:45-46

"Llegando el mediodía, se oscureció todo el país hasta las tres de la tarde, y a esa hora Jesús gritó con voz fuerte: 'Eloí, Eloí, lama sabachthani?', que quiere decir: 'Dios mío, Dios mío, ¿por qué me has abandonado?' Entonces algunos de los que estaban allí dijeron: 'Está llamando a Elías.' Uno de ellos corrió a mojar una esponja en vino agridulce, la puso en la punta de una caña y le ofreció de beber, diciendo: 'Déjenme, a ver si viene Elías a bajarlo.'" Mc 15:33-36

"El que me envió está conmigo y no me deja nunca solo, porque yo hago siempre lo que a él le agrada." Jn 8:29

Jesús, "**La oscuridad de Mi sed era más profunda de lo que podrías imaginar o conocer. Ya que Mi sed en la Cruz alcanzó tan profundo, tan lejos, y tan ancho como el abismo insondable de Mi Amor. Sí, Mi sed en la Cruz fue física. Mi garganta y Mi cuerpo entero, vaciado de todo su líquido a través de Mi sangre, sudor y lágrimas, estaba seco como un desierto sin vida. El fuego de Mi Amor había abrazado y consumido todo. Sin embargo, de la sed de la que hablo en Mis palabras sobre la Cruz, es Mi sed por Amor. Tenía sed de la bebida del Amor de Mi Padre, la cual traería la Luz de Su Radiante Verdad. Tenía sed del amor de la humanidad, tan mixtada en deseos y** motivos egoístas; pero tenía sed de que fuera puro. Tenía sed del Amor de mi Madre, y por todas las almas justas en el mundo. Ya que Me dolía mirar la gran oscuridad y el dolor que tendrían que sufrir por la maldad de otros. Tuve sed de dar Amor, de encontrar almas esperando y listas para recibir las grandes profundidades y dones de Mi Amor. Tenía sed por aquellos tan perdidos para tener sed por la Verdad, por Dios, por justicia. Tenía sed de almas tan lastimadas como para saber tener sed de Amor puro. Tenía sed de reparar todas las malas sed de los engaños, lujuria y glotonería que tentaban y gobernaban a muchos en el mundo. Mi sed era de Amor y en Amor, y Mi Padre respondió Mi gran llamado de sed, con la redención de la humanidad.

Nunca temas de tener sed profunda. Incluso, si tu sed de Mi Amor, y por Mi Amor, te lleve a la muerte, como la Mía. Ya que esa muerte es de Amor y por Amor –y, por lo tanto, en el Amor. Mientras entras en la gran noche de batalla de Mi Cruz –una batalla por la Verdad y por el Amor, sufrirás gran sed en tu cuerpo y en tu alma. Sacia tu sed, que es Mi sed creciendo dentro de ti, con la bebida de Mi Amor sufriente. Al tener sed, te vacías y te abres aún más, para recibir Mi Amor sanador en lo más profundo de ti, para unirnos como un cuerpo, un alma, una sed. Como te dije antes, tu sed por Mí te purificará primero, y despuésse convertirá en Mi sed en la Cruz –con esto, Mi sed en ti es Mi canción de Amor llamándote hacia Mis brazos, hacia nuestra Noche Conyugal de Amor. Regocíjate en Mi sed, porque es un signo profundo de Mi presencia y Amor. Te bendigo con Mi sed en Mi Amor oscuro, en la Cruz. Esta sed te guiará en un camino hacia lo más profundo de las heridas de Mi Corazón, hacia el manantial de Mi Amor mismo. No apartes tu mirada de esta fuente, a la izquierda o a la derecha, de este camino oscuro y solo. Por favor, simplemente mira a Mi Amor y recuerda que no puedes caer lejos de Mí, ya

que estás en Mí, y uno Conmigo, en tu aparentemente interminable búsqueda y sed, en la noche. Fiat en la pequeñez, en el Amor confiado y en el descanso en Mí, tu siempre Esposo fiel de Amor, como Yo descanso en ti. Amén."

19.) Jesús Muere en la Cruz

"En verdad les digo: Si el grano de trigo no cae en tierra y muere, queda solo; pero si muere, da mucho fruto." Jn 12:24

"Ahora es el juicio del mundo; ahora el amo de este mundo va ser echado fuera. Y cuando Yo haya sido levantado de la tierra, atraeré a todos a mí." Jn 12:31-32

"Como al medio día, se ocultó el sol y todo el país quedó en tinieblas hasta las tres de la tarde. En ese momento la cortina del Templo se rasgó por la mitad, y Jesús gritó muy fuerte: 'Padre, en tus manos encomiendo mi espíritu', y al decir estas palabras, expiró. El capitán, al ver lo que había pasado, reconoció la obra de Dios, diciendo: 'Realmente este hombre era un justo.' Y toda la gente que se había reunido para este espectáculo, al ver lo sucedido, comenzó a irse, golpeándose el pecho. Estaban a lo lejos todos los conocidos de Jesús y también las mujeres que lo habían acompañado desde Galilea; todo esto presenciaron ellos." Lc 23:44-49

"Entonces Jesús, gritando de Nuevo con voz fuerte, entregó su espíritu. En ese mismo instante, la cortina del santuario se rasgó en dos partes, de arriba a abajo, la tierra tembló, las rocas se partieron, los sepulcros se abrieron, y resucitaron varias personas santas que habían llegado al descanso. Estas salieron de las sepulturas después de la resurrección de Jesús, fueron a la Ciudad Santa y se aparecieron a mucha gente. El capitán y los soldados que custodiaban a Jesús, al ver el temblor y todo lo que estaba pasando,

tuvieron mucho temor y decían: ¡'Verdaderamente este hombre era Hijo de Dios!'" Mt
27:50-54

"Ya estaba en el mundo, y por Él se hizo el
mundo, este mundo que no lo conoció. Vino
a su propia casa y los suyos no lo recibieron.
Y el Verbo se hizo carne, y habitó entre
nosotros hemos visto su Gloria, la que
corresponde al Hijo Único cuando su Padre
lo glorifica. En él estaba la plenitud del Amor
y de la Fidelidad." Jn 1:10, 11,14

"Jesús agregó: 'Cuando hayan levantado en
alto al Hijo del Hombre, entonces conocerán
que *Yo Soy*, y que nada hago por cuenta mía:
solamente digo lo que el Padre me enseña.'"
Jn 8:28

"Pero Jesús, dando un fuerte grito, expiró."
Mc 15:37

"Cuando hubo probado el vino, Jesús dijo:

'Todo está cumplido.' Inclinó la cabeza y entregó el espíritu." Jn 19:30

"Y se oyó una voz celestial que decía: 'Este es mi Hijo, el Amado; este es mi Elegido." Mt 3:17b

"'Enjugará toda lágrima de sus ojos y ya no existirá ni muerte, ni duelo, ni gemidos, ni penas porque todo lo anterior ha pasado.' Entonces el que se sienta en el trono declaró: 'Ahora todo lo hago nuevo.'" Ap 21:4-5a

Jesús, "Mi Espíritu siempre fue el Espíritu de Mi Padre. Él Me había dado Su Soplo de Vida en Mi Encarnación, y nunca tomé Mi Espíritu para Sí mismo. Siempre le permití a Mi Espíritu ser de Él, mientras Nuestro Espíritu Santo de Amor fluyó libremente entre Nuestros Corazones, guiando cada uno de Mis pasos y palabras. Fue Su Espíritu el que Me mantuvo en silencio, y fue Su Espíritu que dio vida a Mis palabras, hablando desde Mi interior. Tenía un trabajo ya que vine del cielo, un trabajo simple de Mi Padre, que necesitaba cumplir con Él; este trabajo era proclamar Su Reino y redimir a toda la humanidad, volviéndola a Su Amor. Cuando terminé todo lo que Él había pedido y deseado de Mí, regresé a casa con Él. Tu vida también es así de simple— así de simple es la historia de Su Amor.

Las tinieblas de Mis últimos momentos me desnudaron hasta los huesos, deján- dome sin fuerzas. Mi último grito, cuando entregué Mi alma a Quien Me hizo y Me amó en la encarnación de Mi cuerpo, fue el grito final de Amor Conyugal. Viví siempre una unión profunda con Mi Padre, como también con Mi gente, para quienes fui encarnado. Profundicé esa unión en Mi Pasión y en Mi Crucifixión, cuando nuestras almas fueron presionadas pro- fundamente en las tinieblas de la obedien- cia del Amor. Cuanto más profundo y más cercano atraje el sufrimiento y el pecado del hombre sobre Mí, más nos uníamos. Sin embargo, en Mis momentos finales en la Cruz, todo el infierno estaba alborotado, mientras Yo vencía, desafiando el pecado, el dolor y la muerte, en la obediente entrega del Amor. Cuando todo el infierno se desató sobre Mí, sobre Mi ya debilitado cuerpo, alma y Espíritu, Mi Corazón latía salvajemente de Amor por Mi Padre, ofreciendo todo lo que Yo era, en unión profunda con Él, para mantener unión con Él. Y mientras derramaba Mi vida, moría en el éxtasis del dolor, del amor crucificado. Así como un hombre da su vida de amor entregado, en la oscuridad de la noche, así también fui despojado y vaciado en Mi regalo de vida, mientras gritaba, uno con Mi Padre, en un fíat de Amor sufriente. Te pido que Me imites en esto. Así como di Mi vida a Mi Padre, Él Me dio el regalo de Su vida resucitada para Mi alma. Así como te doy Mi vida, ofreciendo a la humanidad participar en un Amor tan intenso Conmigo, como un sacrificio de amor regalado al Padre y a Mí, mientras reciben Mi regalo

de vida, derramado en sus almas moribun-
das, tu recibes Mi desinteresado Amor
moribundo para vivir, ser testigo y dar vida
desde dentro de ti. Te llevaré Conmigo en
estos últimos momentos de profundo
sufrimiento y dolor, donde el rechinar de
dientes del infierno era audible para Mis
oídos, porque no quiero estar separado de
ti en nada. Quiero compartir contigo todo
el Amor Crucificado de Mi Corazón. Y en
esas tinieblas, cuando sientas que la tierra
tiembla y se estremece en tu corazón en la
oscuridad, debes saber que se mueve por Mi
acción de Amor derramando Mi vida
dentro de ti. Estoy contigo, en ti, en estos
momentos. Y en Mi trabajo de entrega,
salvé y redimí al mundo. Hay una gran
belleza en esta noche oscura de las 3:00. Y
deseo abrirla completamente para ti.

A través de Mi regalo del Amor
salvador, hice nuevas todas las cosas. Mi
Amor transformó todos los sufrimientos,
pecado y muerte. Mi vida en la Cruz seca
toda lágrima, dando fruto que tarda toda la

eternidad. **En lo más profundo del horror traicionero de la noche, Mi Amor venció. Y te pido que vivas en este Amor vencedor. Te atraigo dentro de él, en cada respiración de tu fíat. Te amo, Mi pequeño querido, Mi esposa de amor, Mi preciosa alma, preciosa cuando deseas y Me permites abrir los secretos de Mi Corazón dentro de ti, y los atesoras en Mi Luz de belleza pura. Quédate Conmigo en esta noche, ahora y siempre. Todo lo que debes hacer es estar tomando Mi mano, presionarla dentro de Mi costado, y Mi Amor hará lo demás.**

Desde Mi muerte en la Cruz, te bendigo en Amor, Fíat. Amén."

20.) La Sangre y el Agua: El Corazón de Jesús Fue Atravesado por el Amor

"Era el día de la Preparación de la Pascua. Los judíos no querían que los cuerpos quedaran en cruz el día siguiente, pues este sábado era un día muy solemne. Por eso, pidieron a Pilato que hiciera quebrar las piernas a los que estaban crucificados para después retarlos. Vinieron, pues, los soldados y les quebraron las piernas al primero y al otro de los que habían sido crucificados con Jesús. Al llegar a Jesús, vieron que ya estaba muerto. Así es que no le quebraron las piernas, <u>sino que uno de los soldados le abrió el costado de una lazada y al instante salió sangre y agua</u>. Esto sucedió para que se cumpliera la Escritura, que dice: No le quebrarán ni un solo hueso, y en otra parte dice: <u>Contemplarán al que traspasaron.</u>'" Jn 19:31-34,36,37

"Miren que viene entre las nubes, y todos lo verán, aun los que lo hirieron." Ap 1,7

"<u>Vengan a Mí</u> los que se sienten cargados y agobiados, porque yo los aliviaré. Carguen con mi yugo y aprendan de mí <u>que soy paciente de corazón y humilde</u>, y <u>sus almas encontrarán alivio</u>. Pues mi yugo es bueno, y mi carga liviana." Mt 11:28-30

"Venga a mí el que tiene sed; el que crea en mi tendrá de beber." Jn 7:38

"Después, tomó el pan y, dando gracias, lo partió y se lo dio, diciendo: 'Esto es mi cuerpo, el que es entregado por ustedes. Hagan esto en memoria mía.' Después de la cena, hizo lo mismo con la copa. Dijo: 'Esta copa es la Alianza Nueva sellada con mi sangre, que va a ser derramada por ustedes.'" Lc 22:19-20

"En el principio era el Verbo, y frente a Dios era el Verbo, y el Verbo era Dios. Él estaba frente a Dios al principio. Por Él se hizo todo y nada llegó a ser sin Él. Lo que llegó a ser, tiene vida en Él, y para los hombres esta vida es luz. La luz brilla en las tinieblas y las tinieblas no pudieron vencer la luz." Jn 1:1-5

Jesús, **"Mi Corazón fue traspasado, abierto muchas veces por las heridas, una y otra vez por el pecado del hombre en Mi Pasión. Y porque es importante para los humanos** hacer visible su amor, no quería que esta herida tan profunda de Mi Corazón quedara dentro de Mí, oculta y sin ser vista. Por esta razón, Mi Espíritu llevó a los soldados a traspasar Mi costado, permitiendo a Mi sangre y agua que fluyera –una fuente viva de misericordia para el mundo entero. Debía dar todo, derramar Mi vida entera dentro de Mí y permitir también a estas heridas estar, como una invitación, desnudas y abiertas para el mundo. En Mi Corazón herido estaba el testigo de Mi humilde mansedumbre; en Mi Corazón herido estaba el testimonio de Mi gran Amor Misericordioso—un Amor que realmente dio vida a todo el que vino a tomar de él. En Mi costado, traspasado por un soldado después de Mi muerte, fue visible –solamente una vez –el misterio del Sacrificio Eucarístico de Mi Corazón roto. La Eucaristía que celebré el Jueves de Pascua, la viví en este viernes oscuro. No, Mi regalo de Amor para el mundo no finalizó o se pausó con Mi muerte, mientras

Mis discípulos esperaban por Mi Resurrección. Mi regalo de Amor fue más allá de la muerte, ya que la misericordia continuó siendo derramada en Mi sangre y en Mi agua; así como la misericordia continuaría siendo derramada en la fracción del pan de Mis discípulos.

El misterio de la herida de Mi Corazón—en el sufrimiento espiritual e interior que soporté, como también en la herida física del filo de la espada –es un misterio Eucarístico. Ya que Mi Amor crucificado es un Amor Eucarístico, y Mi Corazón Eucarístico está crucificado. Este es un misterio que es muy importante, no solo para ti, sino para toda la gente en Mi Iglesia hoy en día. Al entregarme a ellos, al ponerme en el altar ante ellos, al entrar en ellos en la Comunión, el don de Mi Corazón Eucarístico, es un don de Mi Corazón herido, un Corazón herido por Amor a ellos para curarlos, fortalecerlos y animarlos en su camino de la vida a casa. Mi Corazón es una invitación viva para todos, para entrar dentro del Misterio del Calvario Conmigo, para lavarse a sí mismos en Mi sangre, que se vistan a sí mismos en Mi Amor, y ser abiertos para ser alimentados y llenados por Mi misma vida. Yo deseo poner Mi fuente viva de sangre y agua dadora de vida en cada corazón, mientras Me reciben en la Eucaristía. Ellos pueden estar heridos por las llagas de Mi Corazón, mientras son presionados contra Mi pecho, pero también serán sanados por estas llagas. Heridas que sanan –ese es el don que quiero ofrecer a Mi Iglesia, y ese es el don que te estoy ofreciendo hoy. Deseo ser herido, uno contigo, Yo dentro de ti, y tú dentro de Mí, para que cuando seamos sanados, nuestra carne, nuestro amor, nuestras almas y nuestros corazones puedan ser realmente uno solo. Ese es el misterio al que te invito a entrar Conmigo hoy, en tu vida. ¿Estás dispuesto a ser herido profundamente, para poder ser sanado, uno Conmigo? ¿Cuán grande y profundo, alto y ancho estás dispuesto a dejar que Mi Amor te llene y te consuma—

poseerte y quemarte, uno Conmigo? Ve a Mi banquete Eucarístico, y Yo continuaré enseñándote después...

...Mi Corazón Eucarístico es una invitación para ti, para que siempre vivas Conmigo Mi Amor Crucificado. Y cada momento que Mi cuerpo crucificado, corazón, mente y alma te acaricien, es una invitación para que vivas profundamente unido con la presencia de Mi Corazón Eucarístico dentro de ti. Necesito que vivas, completamente, uno Conmigo, todo el tiempo. La herida que miras en Mi costado, en Mi Corazón, es la puerta para tu Hogar dentro de Mí, y para nuestra cama nupcial de Amor. Así como tembló la tierra cuando Yo morí, derramando toda Mi vida al Padre, el suelo de Mi Corazón se cerrará cuando descanses ahí, pero esto es solamente el latido de Amor de Mi Corazón; es la acción de Mi Amor contigo, para ti, derramando Mi vida en ti. Así como el velo del santuario se rompió en dos, así también tú serás desnudado y desgarrado en Mi corazón desnudo, para que podamos ser presionados tan cerca como uno solo. Y así como estaba oscuro durante Mi Cruz, así también la caverna de Mi Corazón estará oscura, pero esto es porque tú estás escondido, tan profundamente, en unión con el Amor de Mi Corazón, que tu unión Conmigo te ciega de todos tus sentidos. No quiero que te alejes de Mí mientras te tomo para Mí mismo. No siempre podrás reconocer la forma de Mi presencia, mientras despliego Mi Corazón crucificado en ti; y por eso, quiero que vivas gran docilidad y que confíes en que no te dejaré vacilar, y que accidentalmente vayas por el camino equivocado. Acepta todo como Mi regalo de Amor, y confía que siempre te estoy guiando y cargando. Cuando surjan situaciones difíciles y la gente te ataca, te acusa o te malinterpreta, mira con profundo Amor a Mi Corazón, agárrate de Mi carne herida, y bebe plenamente este regalo del Amor herido de Mi Corazón; encontrarás paz en Mi sangre. No temas nada, ni busques una defensa. **Todo tu enfoque debe ser en el Amor, descasando y acogiendo Mi Corazón herido en el Amor. En esto estará tu paz. Te bendigo esta noche, en esta de tus últimas lecciones de Mi Cruz—pero no una de menor importancia. Cada una tiene un significado profundo e importante para tu vida. Y mientras terminas escribiendo (leyendo) estas palabras, abriré uno a uno estos misterios, aun más profundamente dentro de tu corazón, en las próximas semanas. Esta es tu preparación. Ahora abrázame, completamente, en gran amor; y fíat Conmigo, en la esperanza de Mi presencia, unión y amor profundo contigo, en la noche de Mi Cruz. Amén. ¡Aleluya!"**

21.) Jesús es Bajado de la Cruz y Puesto en la Tumba

"Siendo ya tarde, vino un hombre rico, de Arimatea, que se llamaba José, y que también se había hecho discípulo de Jesús. Fue donde

Pilato para pedirle el cuerpo de Jesús, y el gobernador ordenó que se lo entregaran. Y José, <u>tomando el cuerpo, lo envolvió en una sábana limpia y lo colocó en un sepulcro nuevo,</u> cavado en la roca, que se había hecho para sí mismo. Después movió la gran piedra redonda para que sirviera de puerta, y se fue. María Magdalena y la otra María estaban sentadas frente al sepulcro." Mt 27:57-61

"El día siguiente (era el día después de la preparación a la Pascua) los jefes de los sacerdotes y los fariseos se presentaron juntos ante Pilato para decirle: 'Señor, nos hemos acordado que ese mentiroso dijo cuando aún vivía: Después de tres días resucitaré. Por eso, manda que sea asegurado el sepulcro hasta el tercer día: no sea que vayan sus discípulos, roben el cuerpo y digan al pueblo: Resucitó de entre los muertos. Este sería un engaño más perjudicial que el primero.' Pilato les respondió: 'Ahí tienen los soldados, vayan y tomen todas las precauciones que crean convenientes.' Ellos, pues, fueron al sepulcro y lo aseguraron, <u>sellando la piedra y poniendo centinelas.</u>" Mt 27:62-66

"Había caído la tarde y, como era la víspera del sábado,<u> alguien tuvo la valentía de ir donde Pilato y pedirle el cuerpo de Jesús</u>. Era José, del pueblo de Arimatea, miembro respetable del Consejo Supremo, que esperaba también el Reino de Dios. Pilato se extrañó que ya hubiera muerto, y llamó al capitán para saber si realmente era así. Él lo confirmó, y Pilato entregó el cuerpo de Jesús. <u>José bajó el cuerpo de la cruz y lo envolvió en una sábana que había comprado. Después de ponerlo en un sepulcro que estaba cavado en la roca, hizo rodar una piedra grande a la entrada de la tumba.</u> María Magdalena y María, madre de José, estaban ahí mirando donde lo depositaban." Mc 15:42-47

"Intervino entonces un hombre del Consejo Supremo de los judíos que se llamaba José.

Era un hombre bueno y justo que no había estado de acuerdo con los planes ni actos de los otros. Este hombre de Arimatea, pueblo de Judea, esperaba el Reino de Dios. Fue a presentarse a Pilato para pedirle el cuerpo de Jesús. Habiéndolo bajado de la cruz, lo envolvió en una sábana y lo depositó en un sepulcro cavado en la roca, donde nadie había sido enterrado aún. Era el día de la Preparación de la Pascua y ya estaba por comenzar el día sábado. Entonces las mujeres que habían venido de Galilea con Jesús siguieron a José para conocer el sepulcro y ver como ponían su cuerpo. Después volvieron a sus casas a preparar pomadas y perfumes, y el sábado cumplieron con el reposo ordenado por la Ley" Lc 23:50-56

"Después de esto, José del pueblo de Arimatea, se presentó a Pilato. Era discípulo de Jesús, pero en secreto, por miedo a los judíos. Pidió a Pilato la autorización para retirar el cuerpo de Jesús, y Pilato se la concedió. Vino y retiró el cuerpo de Jesús. También vino Nicodemo, el que había ido de noche a ver a Jesús. Trajo como cien libras de mirra perfumada y aloe. Envolvieron el cuerpo de Jesús con lienzos perfumados con esta mezcla de aromas, según la costumbre de enterrar de los judíos. Cerca del lugar donde crucificaron a Jesús, había un huerto, y en el huerto, un sepulcro nuevo, donde nadie había sido enterrado. Aprovecharon entonces este sepulcro cercano para poner ahí el cuerpo de Jesús, porque estaban en la Preparación de la fiesta de los judíos." Jn 19:38-42

Jesús, **"Mi querido niño (niña), Mi pequeño (pequeña), hay una triple belleza que te quiero enseñar en este misterio del entierro de Mi cuerpo. Como lo dice el Evangelio, había un jardín en el lugar donde fue crucificado—un símbolo de vida hermosa en medio de tan fea tortura, dolor y muerte. Este jardín era un símbolo de Mi Amor, el** cual era la verdadera belleza oculta en la noche de Mi Cruz y dolor. Siempre busca Mi jardín de belleza y vida, Mi Amor fructífero, en medio de la Cruz. Ahí encontrarás esperanza.

Y así, hay tres pequeños tesoros de belleza en estas narraciones acerca de Mi sepultura. El primero es encontrado en el relato de Mateo, que los judíos tenían miedo de Mi Resurrección, miedo de que Yo tuviera la razón, miedo de que Mi Amor venciera a la muerte; y por eso ellos pidieron que Mi tumba fuera cuidada, y está grabado que un sello fue puesto en la piedra y unos guardias afuera custodiando. Esto no parece bonito. No parece como algo bueno, que fui sellado tan fuertemente, tan fuertemente escondido de la gente, incluso en Mi muerte. Pero Mi Padre usó esto para un bien glorioso –para mostrar Su poder y Su gloria. Yo dependía de la 'defensa' de Mi Padre, con Mi cuerpo fuertemente encerrado en la tierra. Y cuando Él levantó Mi Espíritu de la muerte, el Espíritu que Yo le había entregado en la Cruz, el sello y el guardia solo testificaron más fuertemente Mi Vida Resucitada. Esta es una lección profunda para ti. Cuando en tu vida la gente trata de sellarte, esconderte fuertemente, incluso estar cuidándote cada movimiento, no temas o te sientas preso –tu siempre eres libre en Mi Amor; y, a causa de estas persecuciones, la defensa de Mi Padre hacia ti, le traerá a Él mucha más gloria. Él te rescatará, te librará en tu noche, vencerá tu muerte en Amor, así como lo hizo por Mí, tres días después de Mi muerte. Deja que te aten y que te encierren, cuidándote y juzgándote, vigilando tu respuesta. Mira a Mi Padre en un espíritu libre de paz y alegría infantil, y Él te librará en Amor. Siempre. En esto, estas cerca de Mi cuerpo, aun perseguido después de la muerte, y de Mi vida y Amor resucitado.

La segunda belleza oculta, en las narraciones de Mi entierro, tiene que ver con José de Arimatea, un discípulo secreto por miedo a los judíos, y Nicodemo, quien vino primero a Mí en la noche. Estos dos hombres, en Mi vida, vinieron a Mí en secreto, escondiéndose en la oscuridad de la noche por temor. Pero mira que hizo Mi Amor para transformar sus corazones en el Amor de Mi noche en la Cruz. Esta segunda vez vinieron a Mí en la noche, no fue por miedo como la primera vez; no, ellos vinieron a Mí en la noche de Mi Cruz en amor valiente, y con gran respeto. Ellos no tenían miedo de ser vistos con Mi cuerpo en la noche de Mi Cruz; no tuvieron miedo de dar testimonio de su amor y de Mi Amor. Ni siquiera temían ser acusados de desafiar su ley, al cuidar Mi cuerpo, mientras el sábado se acercaba. Ellos Me dieron todo lo que tenían, y Me dieron lo mejor de ellos. Me colocaron en sábanas nuevas y blancas, y en una tumba nueva. Su amor era más grande que la ley, aunque lucharon también de respetarla. Oh, como se regocija Mi Corazón mientras pienso en el fuego del Amor en las almas de estos dos hombres, quienes Me cuidaron en la muerte.

Y esto Me lleva a la tercera belleza escondida en este misterio de Mi entierro. Cada uno de los Evangelios dice algo un poco diferente –uno dice que José compró una sábana nueva, y que Me enterró en su tumba nueva; otro se refiere a Nicodemo, que compró cien libras de mirra y que las trajo para preparar Mi cuerpo, con José. Una tercera cuenta dice que las mujeres, atentas a Mi necesidad por un entierro apropiado, fueron y colectaron especias para tratar Mi cuerpo con ellas. Y todos estos son verdad –y juntos son hermosos. El trabajo de Mi entierro lo hicieron juntos, como una familia. Sin embargo, fue más que un simple entierro, fue la primera adoración de Mi cuerpo. Sí, cuando era un niño, los pastores y los reyes magos vinieron a Adorarme, pero vinieron a Adorarme como una Persona completa – cuerpo, sangre, alma, y divinidad—todo envuelto en el Niño Cristo. Esto fue hermoso y bueno. Incluso entonces, sus regalos de mirra e incienso presagiaron Mi muerte, pero fueron dados a Mí, no usados para adorar Mi cuerpo. Hubo otras veces en los Evangelios donde la gente hizo gestos de adoración hacia Mí; María, llorando a Mis pies, lavándolos con sus lágrimas y secándolos con sus cabellos, y cubriéndolos de besos; o cuando ella los ungió con aceite. Pero estas dos no fueron gestos de pura adoración a Mi cuerpo como santo, sino a Mí como una persona entera. Pero aquí, en Mi muerte, Mi cuerpo se vacía de toda vida, Mi sangre secada, Mi Espíritu dado a Mi Padre. Sin embargo, Mi cuerpo solo— incluso después de la muerte—ha provocado una gran alabanza, adoración y Amor de oración de los corazones de estas personas. Cada uno Me trajo regalos de Amor de oración de sus corazones, mientras lavaron, vistieron y cuidaron el cuerpo de su Salvador crucificado. Cada regalo era diferente –algunos trajeron sábanas, otros especias, perfumes, aceites, mirra –otro la misma tumba; pero cada una fue una hermosa expresión de amor de adoración del cuerpo de su Salvador Dios-hombre. Mi cuerpo era solo lo suficiente santo para ser honrado de esa manera. No es una cosa fácil bajar a una persona de una Cruz. José sufrió, en gran amor, al hacerlo. Mi cuerpo estaba completamente sucio de basura, sudor, sangre y muchas heridas abiertas; Yo olía a muerte. Sin embargo, José abrazó este Mi cuerpo en amor tierno, mientras alcanzaba y desclavaba el primer clavo, después el otro, abrazando Mi cuerpo hacia sí mismo, en un abrazo de Amor, mientras Mis pies eran soltados, para que Yo no cayera al suelo. Después, al ponerme en el suelo, Me lavaron; no con el agua normal necesaria, pero como pudieron con las pocas jarras que tenían. Después Me envolvieron en una sábana nueva y blanca – así como Mi cuerpo herido en Amor en la Eucaristía es a menudo envuelto en las ropas blancas del altar. Fui vestido con aloes, aceites perfumados y mirra, así como Mi cuerpo es adorado a menudo con incienso, en la adoración. Y después fue puesto en la tumba, Mi primera noche en Mi tabernáculo de Amor, sellado con una roca. Con que gran pureza atravesé sus corazones mientras estaban más cerca de Mi cuerpo desnudo, de lo que habían estado antes. Sí, aquellos que Me prepararon para el entierro recibieron grandes gracias de Amor por el trabajo amable y generoso de sus corazones. Cuanta misericordia Me mostraron, su Salvador misericordioso. Cuan profundo amor llamé de sus corazones mientras Me tocaban, cuidando a Su Sanador herido. Sí, el Amor de Mi Padre derramó muchas gracias sobre ellos en su trabajo. Y después se mantuvieron parados o se sentaron admirados de todo lo que había pasado, y de todo lo que habían hecho; algunos fueron a casa, otros esperaron, sin saber que esperar, pero realmente traspasados hasta el núcleo de sus corazones en Amor. Este Amor misterioso que compartí con ellos, incluso después de Mi muerte, es una lección de humildad abierta y dócil para ti. Y te muestra el poder del Amor puro.

Esta es Mi lección de esta noche para ti. Te bendigo con Mis heridas, con Mis heridas que Mis amigos adoraron, besaron y amaron –bañadas con sus lágrimas y vestidas con aceite perfumado de sus corazones, esa Noche Pascual. Y te pido que también Me permitas encenderte con ese fuego, para que nunca le temas a la muerte, sino para que sepas, en cambio, en tu amor abierto, desnudo y puro, que Yo mismo cuidaré de tu cuerpo, vestiré tus heridas y te traeré a la tumba de Mi Corazón, en donde resucitarás Conmigo de nuevo en el Amor. Te amo. Toma Mi beso para tu corazón y descansa en Mí. Amén."

XI

La Resurrección de Jesús

1.) La Tumba Vacía y Jesús se Aparece a
María Magdalena

"Pasado el sábado, al salir la estrella del
primer día de la semana, fueron María
Magdalena y la otra María a visitar el
sepulcro. De repente se produjo un gran
temblor: el Ángel del Señor bajó del cielo y,
llegando al sepulcro, hizo rodar la piedra
que lo tapaba y se sentó encima. Su aspecto
era como el relámpago y sus ropas blancas
como la nieve. Al verlo, los guardias
temblaron de miedo y quedaron como
muertos. El Ángel dijo a las mujeres:
'Ustedes no teman, porque yo sé que buscan
a Jesús crucificado. No está aquí, pues ha
resucitado tal como lo había anunciado.
Vengan a ver el lugar donde lo habían

puesto. Y ahora vayan pronto a decir a sus discípulos que ha resucitado de entre los muertos y que ya se les adelanta camino de Galilea; allí lo verán. Esto es lo que yo tenía que decirles.' Ellas salieron al instante del sepulcro con temor, pero con una alegría inmensa a la vez, y corriendo fueron a dar la noticia a los discípulos. En eso, Jesús les salió al encuentro y les dijo: 'Paz a ustedes.' Las mujeres se acercaron, se abrazaron a sus pies y lo adoraron. Jesús les dijo en seguida: 'No teman; vayan a anunciarlo a mis hermanos para que se hagan presentes en Galilea y allí me verán.'" Mt 28:1-10

"Cuando pasó el sábado, María Magdalena, María, madre de Santiago, y Salomé compraron aromas para embalsamar el cuerpo. Y muy temprano, en ese primer día de la semana, llegaron al sepulcro apenas salido el sol. Se decían unas a otras: ¿'Quien nos removerá la piedra del sepulcro? Pero, cuando miraron, vieron que la piedra había sido echada a un lado, y eso que era una piedra muy grande. Al entrar en el sepulcro, vieron a un joven sentado al lado derecho, vestido enteramente de blanco, y se asustaron. Pero él les dijo: 'No se asusten. Ustedes buscan a Jesús Nazareno, el que fue crucificado. Resucitó; no está aquí; este es el lugar donde lo pusieron, ¿no es cierto? Ahora bien, vayan a decir a Pedro y a los otros discípulos que Jesús se les adelanta camino de Galilea. Allí lo verán tal como él se lo dijo.' Entonces las mujeres salieron corriendo del sepulcro. Estaban asustadas y asombradas y no dijeron nada a nadie, de tanto miedo que tenían." Mc 16:1-8

"Jesús, que resucitó en la madrugada del primer día de la semana, se apareció primero a María Magdalena, de la que había echado siete espíritus malos. Ella fue a anunciárselo a los que habían sido compañeros de Jesús y que estaban tristes y lo lloraban. Pero al oírle decir que vivía y que lo había visto, no lo creyeron." Mc 16:9-11

"No sabían que pensar, pero, en ese momento, vieron a su lado dos hombres con ropas fulgurantes. Se asustaron mucho, y no se atrevían a levantar los ojos del suelo. Ellos les dijeron: ¿'Por qué buscan entre los muertos al que vive? No está aquí. Resucitó. Acuérdense de lo que les dijo cuando todavía estaba en Galilea: 'El hijo del Hombre debe ser entregado en manos de los pecadores y ser crucificado y resucitado al tercer día.' Ellas entonces recordaron las palabras de Jesús. A la vuelta del sepulcro, les contaron a los Once y a todos los demás lo que les había pasado...Pero los relatos de las mujeres les parecieron puros cuentos y no les hicieron caso. Sin embargo, Pedro partió corriendo al sepulcro. Al agacharse no vio sino los lienzos. Y volvió a casa muy sorprendido por lo ocurrido." Lc 24:4-9, 11-12

"El primer día de la semana, muy temprano, cuando todavía estaba oscuro, María Magdalena fue a visitar el sepulcro.

Vio que la piedra de entrada estaba removida. Fue corriendo en busca de Simón Pedro y del otro discípulo a quien Jesús más amaba, y les dijo: 'Han sacado al Señor de la tumba y no sabemos dónde lo han puesto.' Pedro y el otro discípulo partieron al sepulcro. Corrían los dos juntos. Pero el otro discípulo corría más que Pedro y llegó primero al sepulcro. Se agachó y vio los lienzos en el suelo, pero no entró. Después llegó Pedro. Entró a la sepultura y vio los lienzos tumbados. El sudario que pasaba sobre la cabeza no estaba tumbado como los lienzos, sino enrollado en su mismo lugar. El otro discípulo, que había llegado primero, entró a su vez, vio y creyó. Aún no habían comprendido la Escritura, según la cual Jesús debía resucitar de entre los muertos. Entonces los dos discípulos se fueron a casa." Jn 20:1-10

"María estaba llorando afuera, cerca del sepulcro. Mientras lloraba, se agachó sobre el sepulcro, y vio a dos ángeles de blanco, sentados, uno a la cabecera y el otro a los pies, en donde había estado el cuerpo de Jesús. Ellos le dijeron: 'Mujer, ¿por qué lloras?' Les respondió: 'Porque se han llevado a mi Señor, y no sé dónde lo han puesto.' Al decir esto, miró por atrás y vio a Jesús de pie, pero no lo reconoció. Le dijo Jesús: 'Mujer, ¿por qué lloras?, ¿a quién buscas?' Ella, creyendo que sería el cuidador del huerto, le contestó: 'Señor, si tú lo has sacado, dime donde lo pusiste y yo me lo llevaré.' Jesús le dijo: 'María.' Entonces ella se dio vuelta y le dijo: 'Raboni', que en hebreo significa 'maestro mío'. 'Suéltame, le dijo Jesús, pues aún no he vuelto donde mi Padre: anda a decirles a mis hermanos que subo donde mi Padre, que es Padre de ustedes; donde mi Dios, que es Dios de ustedes.' María Magdalena fue a anunciar a los discípulos: 'He visto al Señor y me ha dicho tales y tales cosas." Jn 20:11-18

Jesús, "En el primer día de la semana resucité de entre los muertos; no el segundo o el tercero; no tarde en el día, sino bien temprano en la mañana del primer día de la semana. Tan pronto como Mi gente había sido completamente vaciada y purificada por Mi muerte, vine para darles también Mi vida abundante. Vine para llenarlos. Quiero que aprendas de estos relatos de resurrección del Evangelio, una gran lección de Mi Amor, un Amor que vacía y purifica a una persona mientras los llena. Mi muerte no fue una experiencia feliz para nadie; con ella vinieron muchos Dolores a muchos corazones, a quienes amé. Sin embargo, el dolor y el sufrimiento que soportaron fue una preparación importante para sus corazones. No vine para quitarles todo su sufrimiento y dolor; eso sería imposible en un mundo dejado libre para amar. Sin embargo, Yo vine a ellos, para estar con ellos en su oscuridad y transformársela. Vine para llenar su oscuridad con el significado de Mi Amor oscuro. Tuve que vaciarlos del mundo y de sus deseos egoístas, antes de poder poner Mi Amor para que viva dentro de ellos. Y por eso, en el día de Mi Resurrección les permití –los dirigí—a encontrar Mi tumba vacía. Mi tumba vacía es un símbolo para tu corazón, en tu jornada de la purificación, a la unión Conmigo en Amor crucificado. Tu corazón también estará vacío. Así como Mis paños de sepultura fueron un signo de que una vez había estado allí, así también tu corazón tiene restos de Mi presencia, una presencia que entró a tu corazón para vaciarlo. Estaba oscuro cuando María y las mujeres vinieron primero a ungir Mi cuerpo. Está oscuro en tu vida, también, porque te he vaciado de ti mismo, para ungirte con Mi Amor. Sin embargo, cuando Me buscaron en el lugar donde Me habían acostado antes –detrás de la roca que tapaba la entrada, ya no estaba. No había vaciado la tumba para llenarla con Mi presencia resucitada. Había vaciado la tumba—un lugar para los muertos—para que Mi vida pudiera empezar un nuevo trabajo de Amor en otro lado. Dejé Mi tumba vacía para que las mujeres y Mis discípulos pudieran empezar la búsqueda –dejaría la tumba la cual ellos miraron con sus propios ojos que estaba vacía de Mi presencia y Amor—y, en cambio, seguirían Mi instrucción, seguirían la sed de su corazón para encontrarse Conmigo en los lugares que Yo quería darles vida nueva—Mi vida resucitada.

Todo esto puede sonar complicado para ti, pero todo es bien simple en tu propia vida. He vaciado tu corazón, especialmente en el tiempo que has pasado Conmigo aquí en el desierto –mientras borras y Me ofreces tu vida pasada. Vacié tu corazón de tu vida, de tus muertes, de tus sufrimientos; y ahora dejo tu corazón vacío, para que puedas empezar tu búsqueda. Mi Amor resucitado quiere ser un Amor nuevo y crucificado en tu vida. Mi unión contigo quiere tomar una nueva forma. Dejo tu corazón abandonado—libre y vaco del mundo y de ti, pero ahora también de Mi Amor—para guiarte a Mi Corazón, el lugar de nuestro encuentro en la vida nueva. Te he permitido sufrir sin Mí, para que te purifiques y estés dispuesto a sufrir Conmigo. Todo está cambiando en esta madrugada oscura de aparente Amor vaco; Mi vida está formando nuevos lugares de Mi Corazón para encontrarse contigo, dentro de ti. Muchos al principio no creyeron ni entendieron Mi Resurrección; y tú, también, estarás triste, confundido y tentado a dudar en tus primeros pasos de nuestro Amor nuevo. Parecerá que Me he marchado, pero en realidad he empezado a unirme a ti. Parecerá oscuro, mientras pongo Mi luz cegadora dentro de ti. Tú, como María, llorarás –no tanto de la tristeza como del Amor confuso. Pero también te diré a ti, no te aferres a Mí como una vez me conociste. No trates de impedir que te de la plenitud de Mi Amor. Este no es el final—nuestro alegre encuentro está empezando ahora en el jardín donde Fui crucificado. Todavía tengo que llevarte

Conmigo a Mi Padre. Déjame guiarte más lejos, más profundo. No llores por las pequeñas muertes en tu pasado. Llora ahora de alegría mientras te llevo, uno Conmigo, a Mi gran Amor sufriente y a Mi muerte en la Cruz –un lugar donde la muerte no puede volver a reinar, porque ya la he vencido completamente con Mi Amor obediente. No te quedes desconcertado, sino que corre en obediencia, yendo a donde te mando, así como mandé a Mis Apóstoles a Galilea, a encontrarse Conmigo. Estoy frente ti, Mi pequeño (pequeña); estoy viviendo dentro de ti, aunque no siempre Me puedas ver. No estoy viviendo o entrando a tu corazón viejo y vaco, así que no busques allí. Escucha Mis palabras y obedece en confianza fiel. Ve a Galilea, ve a los cuartos de Mi Corazón a los que he preparado para encontrarme contigo. Fue allí donde te di por primera vez Mi Amor, y es allí donde te conduzco de nuevo a Casa, para estar unidos en el Amor, como uno Conmigo en la Eternidad. Estoy frente a ti, abrazándote; Escúchame decir tu nombre y sigue esta voz, Mi voz, la que amas y conoces muy bien. Con esto tu amor enredado será liberado para moverse más cerca y más profundo, uno Conmigo en nuestra unión de Amor que se está llevando a cabo ahora. Descansa un poquito en estas palabras, antes que te muevas a tu nueva lección Conmigo. Déjame abrirles el significado para que vivan plenamente en ti. Y te bendigo con Mi nuevo Amor, siempre nuevo—alejándote de todo lo que conoces para crear una nueva vida, un nuevo encuentro, un nuevo corazón del Amor de Mi Corazón dentro de ti. Ve en paz. Fiat. Amén."

2.) Jesús se reúne con Sus Discípulos

"Por su parte, los Once discípulos partieron para Galilea, al cerro donde Jesús los había citado. Cuando vieron a Jesús se postraron ante él, aunque algunos todavía desconfiaban. Entonces Jesús, acercándose, les

habló con estas palabras: 'Todo poder se me
ha dado en el Cielo y en la tierra. Por eso,
vayan y hagan que todos los pueblos sean
mis discípulos. Bautícenlos, en el Nombre
del Padre y del Hijo y del Espíritu Santo, y
enséñenles a cumplir todo lo que yo les he
encomendado. Yo estoy con ustedes todos
los días hasta que se termine este mundo.'"
Mt 28:16-20

"Por último, Jesús se apareció a los once
discípulos cuando estaban comiendo. Jesús
los reprendió por su falta de fe y su porfía
en no creer a los que lo habían visto
resucitado. Y les dijo: 'Vayan por todo el
mundo y anuncien la Buena Nueva a toda la
creación. El que crea y se bautice se salvará.
El que se resista a creer se condenará. Y
estas señales acompañarán a los que crean:
en mi Nombre echarán los espíritus malos,
hablarán en nuevas lenguas, tomarán con
sus manos las serpientes y, si beben algún
veneno, no les hará ningún daño. Pondrán

las manos sobre los enfermos y los
sanarán.'" Mc 16:14-18

"Cristo murió por nuestros pecados, tal
como lo dicen las Escrituras; que fue
sepultado; que resucitó al tercer día como lo
dicen también las Escrituras; que se
apareció a Pedro y luego a los Doce.
Después se hizo presente a más de
quinientos hermanos de una vez; la
mayoría de ellos viven todavía y algunos ya
entraron en el descanso. En seguida se hizo
presente a Santiago y, luego, a todos los
apóstoles. Y, después de todos, se me
presentó también a mí, el que de ellos nació
como un aborto." 1 Cor 15:3b-8

"Mientras estaba hablando de todo esto,
Jesús se presentó en medio de ellos. Les dijo:
'Paz a ustedes.' Estaban atónitos y asus-
tados, pensando que veían a alguno
espíritu. Pero él les dijo: ¿'Por qué se
asustan tanto, y por qué les vienen estas
dudas? Miren mis manos y mis pies, soy yo.
Tóquenme y fíjense bien que un espíritu no

tiene carne ni huesos, como ustedes ven que yo tengo.' Y al mismo tiempo les mostró sus manos y sus pies. Y como, en medio de tanta alegría, no podían creer y seguían maravillados, les dijo: ¿'Tienen aquí algo que comer?' Ellos le ofrecieron un pedazo de pescado asado y él lo tomó y comió ante ellos... Entonces les abrió la mente para que lograran entender las Escrituras." Lc 24:36-43, 45

"La tarde de ese mismo día, el primero de la semana, los discípulos estaban a puertas cerradas por miedo a los judíos. Jesús se hizo presente allí, de pie en medio de ellos. Les dijo: 'La paz sea con ustedes.' Después de saludarlos así, les mostró las manos y el costado. Los discípulos se llenaron de gozo al ver al Señor. Él les volvió a decir: 'La paz esté con ustedes. Así como el Padre me envió a mí, así los envió a ustedes.'" Jn 20:19-21

"Uno de los Doce no estaba cuando vino Jesús. Era Tomás, llamado el Gemelo. Los otros discípulos, pues, le dijeron: 'Vimos al Señor.' Contestó: 'No creeré sino cuando vea la marca de los clavos en sus manos, meta mis dedos en el lugar de los clavos y palpe la herida del costado.' Ocho días después, los discípulos estaban de nuevo reunidos dentro, y Tomás con ellos. Se presentó Jesús a pesar de estar las puertas cerradas, y se puso de pie en medio de ellos. Les dijo: 'La paz sea con ustedes.' Después dijo a Tomás: 'Ven acá, mira mis manos; extiende tu mano y palpa mi costado. En adelante no seas incrédulo, sino hombre de fe.' Tomás exclamó: 'Tú eres mi Señor y mi Dios.' Jesús le dijo: 'Tú crees porque has visto. ¡Felices los que creen sin haber visto!'" Jn 20:24-29

Jesús, "En estas narraciones de Resurrección, me encontré con Mis Discípulos, Mis hermanos y amigos quienes habían estado Conmigo por tres años, mientras los preparaba para la misión: Mi Pasión, muerte y resurrección. Sin embargo, ellos incluso no entendieron o creyeron todo lo que miraron con sus ojos mientras Mis palabras se cumplieron delante de ellos. Oh, los ojos son algo chistoso, ya que a veces nos engañan, sin embargo, otras veces edifican nuestra fe. Pero si creemos porque vemos –los paños de entierro, la tumba vacía, Mis heridas, entonces, ¿dónde está nuestra fe? Algunas veces, los ojos pueden detener a una persona de crecer en Dios, y eso es lo que pasó con Mis discípulos. Pero Yo fui siempre muy paciente con sus debilidades. ¿Dónde estaba Mi Madre todo este tiempo? ¿A caso ella no quería ver Mis ropas de entierro, la roca movida de la tumba, Mi cuerpo herido, como prueba de Su convicción? No, Su fe era muy fuerte que Ella siempre creyó que Yo resucitaría, porque ya se lo había dicho, así como se lo había dicho a Mis discípulos. Mi resurrección era una verdad para Ella antes que viera signos de ello. Esa mañana de madrugada, incluso antes de que María Magdalena viniera a encontrar Mi tumba vacía, Mi Madre estaba regocijándose en espera, para que Yo viniera a Ella. Ella creyó en Mis palabras y esperó con alegría, para que se cumplieran. Su amor por Mí borró toda duda.

Deseo que tú creas todas Mis promesas de que Yo realmente vendré a ti, en una profunda unión de Amor, así como Mi Madre siempre creyó. Antes de que veas alguna prueba de Mi presencia, regocíjate con Ella, porque la verdad de Mi Amor resucitado, de Mi unión contigo en Amor crucificado, ya ha empezado.

También deseo enseñarte sobre el poder de Mis heridas. Así como Pedro y Juan miraron las sábanas, manchadas por Mis heridas, ellos creyeron. Fue el poder de Mi sangre y Mis heridas la que les dio dicha fe. Cuando Me aparecí a Mis discípulos y les mostré Mis heridas, permitiéndoles tocarlas y poner sus manos dentro de ellas, transformé completamente sus corazones incrédulos. Ellos eran hombres diferentes después de su experiencia, en el Amor resucitado de Mis heridas. Mis heridas dieron a luz a su fe. Mientras estas con tus heridas abiertas, deseo que tus heridas sean una fuente de fe grande para el mundo. No las escondas de los corazones de los demás –permite que aquellos con la fe herida las toquen, las presionen, que coloquen sus manos en ellas y que aniden cerca con sus propias almas heridas. Ya que estas heridas de Amor en tu vida no son tuyas, sino Mías. Y he puesto y profundicé Mis heridas dentro de ti, para unirte profundamente uno Conmigo, en Mi Amor, y también para unir a otros a Mí. Tú eres como un tabernáculo, simplemente abrazando, viviendo, mostrando al mundo Mi Corazón viviente y Mi Amor herido. Permíteles que den a luz vida nueva, en ti, y a su vez, en otros.

¿Por qué Mi cuerpo resucitado aun tiene Mis heridas preciosas de los clavos y de la espada del soldado? Es porque estas eran grandes testigos del Amor. Estas eran las aberturas a través de las cuales los pecadores podrían venir a beber de Mi Amor Resucitado. Estas son Mis heridas de batalla de Amor, que atestiguan la profundidad del Amor entre Mi Padre y Yo, y con la humanidad. Un amante nunca se cierra a sí mismo, para esconderse de su amada, sino que se mantiene abierto a una invitación para derramar el regalo de sí mismo. Mantén las heridas que abrí en ti siempre abiertas para Mí, esperando por Mi Amor. Permíteme sanarte de tus heridas, dándote Mis propias. Permíteme tocarte y acariciar tus manos, pelo y cara en Mi Amor derramándose de Mis heridas abiertas. Te daré todo de Mí mismo, para que viva en ti. Y al recibirme en lo más profundo de ti, en tu respuesta y regalo de amor, Me daré y mostraré al mundo a través de ti. Ahora descansa en Mis heridas, siempre abiertas en Amor desnudo y vulnerable, esperándote, para que Me permita darte el regalo de poseerlas. Ya que a través de tu Amor profundo las poseerás, y también Me poseerás a Mí. En esto seremos uno. Nunca te canses de meditar en Mis heridas y de beber de ellas, como tu fuente de vida. Ya que por esto es que Morí por ti—para darte libre albedrío, para darte todo Mi Amor y todo Mi ser. Nada y vive profundamente en Mi Amor herido por ti. Y te bendigo, con Mis heridas, y con Mi fe fuerte de Amor resucitado. Fiat, siempre. Amén."

3.) Jesús Se Aparece a los Dos en el Camino de Emaús

"Después Jesús se apareció bajo otra figura a dos de ellos, cuando iban al campo. Estos volvieron a contárselo a los demás, pero tampoco les creyeron." Mc 16:12-13

"Ese mismo día, dos discípulos iban de camino a un pueblecito llamado Emaús..., Jesús en persona se les acercó y se puso a caminar a su lado, pero algo impedía que sus ojos lo reconocieran. Jesús les dijo: ¿'Qué es lo que van conversando juntos por el camino?' Ellos se detuvieron, con la cara triste. Uno de ellos llamado Cleofás, le contestó: ¿'Cómo, así que tú eres el único peregrino en Jerusalén que no sabe lo que pasó en estos días?' ¿'Qué pasó?', preguntó Jesús...

...Entonces Jesús les dijo: ¡'Qué poco entienden ustedes y cuanto les cuesta creer todo lo que anunciaron los profetas! ¿No tenía que ser así y que el Cristo padeciera para entrar en su Gloria?' Y comenzando por Moisés y recorriendo todos los profetas, les interpretó todo lo que las Escrituras decían sobre él. Cuando ya estaban cerca del pueblo al que ellos iban, él aparentó seguir adelante. Pero le insistieron, diciéndole: 'Quédate con nosotros, porque cae la tarde y se termina el día.' Entró entonces para quedarse con ellos. Una vez que estuvo a la mesa con ellos, tomó el pan, lo bendijo, lo partió y se lo dio. En ese momento se les abrieron los ojos y lo reconocieron, pero ya había desaparecido. Se dijeron uno al otro: ¿'No sentíamos arder nuestro corazón cuando nos hablaba en el camino y nos explicaba las Escrituras?'" Lc 24:13,15-19a, 25-32

Jesús, "Me abrí en la Cruz, para abrir los corazones cerrados de los hombres. Abrí Mis heridas a aquellos a quienes se les aparecí, para abrir sus corazones en fe. Y en esta narración de Mi encuentro con estos dos hombres, Mis hermanos, en el camino empolvado para Emaús, abrí Mi Corazón Eucarístico para abrirles sus ojos, cegados, a la Luz y la Verdad. Realmente celebré la Eucaristía en ese camino a Emaús. Cansado, fatigado y abatido por todo lo que sus vidas habían soportado los días anteriores, vine a ellos. Primero abrí sus corazones a través no solo de Mi presencia, lo cual no lo sabían, sino por Mis series de preguntas. Aumenté su sed, su búsqueda de la verdad, el Amor y la sabiduría mientras caminé con ellos. Escuché los problemas de su corazón con confianza paciente, de que Mi Padre me mandaría Sus palabras en el Espíritu, para alimentar sus almas hambrientas. Después de que ellos habían contado todo lo que les había pasado, abrí las Escrituras a sus corazones expectantes. Y los alimenté con Mis palabras, sus corazones ardían por saber más, por estar más cerca de Este, Quien vino para salvarlos. Sus corazones ardían con el fuego de Mi Amor mientras caminábamos, y este Amor los abrió aun más para recibir el regalo completo de Mí Mismo. Cuando quebré el pan y se lo di para que lo comieran, el Espíritu del Amor de Mi Padre voló dentro de sus corazones, recordándoles de Mi Corazón roto en la Cruz. Y en esto Me reconocieron. En esto creyeron en el gran plan de Amor que Mi Padre había cumplido en el mundo, a través de Mí.

Cuando estás cansado y fatigado en tu camino, ven también por fuerza y luz a Mi Corazón roto. Te guiaré desde Mis heridas. Cuando vengo a ti en una forma nueva (como lo dice el Evangelio de Marcos), Me conocerás por Mi Corazón roto, herido por amor a ti, y tú debes permitir a Mi Amor, siempre Nuevo, guiarte. Debes presionar muy profundo dentro de Mi Pecho, dentro de Mi costado, mientras estamos en la Cruz como uno, porque tus ojos pueden engañarte, o detenerte; sigue y mira con tu corazón, con y en Mi Corazón y Amor dentro de ti. Cuando te encuentras con otros en el camino, cansados y desgastados por su jornada, escucha a como desea abrirlos Mi Espíritu de Amor, primero a través de tus palabras, gestos, y silencio de oración, antes de que les des el regalo de Mi Amor dentro de ti. La gente debe estar sedienta para recibir; deben desear beber Mi Amor en plenitud. Y más que todo, mientras viajas en este camino del Amor oscuro del Calvario junto Conmigo— dentro de Mí—debes saber, por favor, que tú mismo serás abierto, roto en heridas que tardan, manteniéndose abiertas, en mucho dolor y muerte y dentro de Mi Resurrección. Me abriré a Mí Mismo en ti, para abrir los corazones de otros a través de ti. Así como Yo permanecí abierto, desnudo y vulnerable en Mis heridas sobre la Cruz, por la sed de aquellos que Yo sabía que necesitaban Mi bebida, así también te abrazaré ahí Conmigo. Esto es todo, Mi Amor. Te bendeciré mientras escribes estas palabras de Amor para Mí. Tu obediencia es hermosa. Por favor, toma Mi bendición para tu Corazón abierto, para abrirte más a plenitud. Amén, ¡Aleluya!"

4.) Jesús Renueva el Amor de Pedro

"Después de esto, nuevamente Jesús se hizo presente a sus discípulos en la orilla del lago de Tiberiades. Y se hizo presente como sigue…Simón Pedro les dijo: 'Voy a pescar.' Le contestaron: 'Nosotros vamos también contigo.' Partieron y subieron a la barca. Pero esa noche no pescaron nada. Al amanecer, Jesús se presentó en la orilla. Pero los discípulos no podían saber que era él. Jesús les dijo: 'Muchachos, ¿tienen algo de comer?' Le contestaron: 'Nada.'

Entonces Jesús les dijo: 'Echen la red a la derecha y encontrarán pesca.' Echaron la red y se les hicieron pocas las fuerzas para recoger la red, tan grande era la cantidad de peces. El discípulo a quien Jesús más quería dijo a Simón Pedro: 'Es el Señor,' Cuando Pedro oyó esto de 'Es el Señor', se puso la ropa (se la había sacado para pescar) y se echó al agua. Los otros discípulos llegaron a la barca, arrastrando la red llena de peces; estaban como a cien metros de la orilla. Cuando bajaron a la tierra, encontraron un fuego prendido, y sobre las brasas, pescado y pan. Jesús les dijo: 'Traigan de los pescados que acaban de sacar.' Simón Pedro subió a la barca y sacó la red llena con ciento cincuenta y tres pescados grandes. Con todo, no se rompió la red. Jesús les dijo: 'Vengan a desayunar', y ninguno de los discípulos se atrevió a hacerle la pregunta: ¿'Quién eres tú?', porque comprendían que era el Señor. Jesús se acercó a ellos, tomó el pan y se lo repartió. Lo mismo hizo con los pescados. Esta fue la tercera vez que se manifestó a sus discípulos después de haber resucitado de entre los muertos." Jn 21:1,3-14

"Después que comieron, Jesús dijo a Simón Pedro: 'Simón, hijo de Juan, ¿me amas más que estos? 'Este contestó: Sí, Señor, tú sabes que te quiero.' Jesús dijo: 'Apacienta mis corderos.' Y le preguntó por segunda vez: 'Simón, hijo de Juan, ¿me amas?' Pedro volvió a contestar: 'Sí, Señor, tú sabes que te quiero.' Jesús le dijo: 'Cuida mis ovejas.' Insistió Jesús por tercera vez: 'Simón Pedro, hijo de Juan, ¿me quieres?' Pedro se puso triste al ver que Jesús le preguntaba por tercera vez si lo quería. Le contestó: 'Señor, tú sabes todo, tú sabes que te quiero.' Entonces Jesús le dijo: 'Apacienta mis ovejas. En verdad, cuando eras joven, tú mismo te ponías el cinturón e ibas donde querías. Pero, cuando llegues a viejo, abrirás los brazos y otro te amarrará la cintura y te llevará donde no quieras.' Jesús lo dijo para que Pedro comprendiera en qué forma iba a morir y dar gloria a Dios. Después Jesús dijo a Pedro: 'Sígueme.'" Jn 21:15-19

Jesús, "Es muy importante para ti permitirle a la gente que te ame, incluso a llamar tal amor de sus corazones. Ya que el Amor sana y fortalece el alma humana. Ya Me había aparecido a los discípulos dos veces, cuando vine a ellos en esta manera descrita por Juan. Esta vez no vine a Mis discípulos para probarles Mi Resurrección, porque ya habían creído. Vine para que, de alguna manera, Mi Amor pudiera moverse más profundo dentro de cada uno de sus corazones, y vine para sanar a Pedro en Mi Amor, ya que cuando me había negado ante los transeúntes durante Mis pruebas, profundamente hirió su propio corazón; y su corazón permaneció turbado en lo más profundo. Yo amaba a Pedro, mayormente por su corazón honesto. Él habló la verdad de cómo se sintió y de lo que pensó. Era muy tierno y de corazón abierto. Y por eso estaba profundamente herido, cuando me negó delante de otros—en sus palabras, el Me negó de sí mismo; cerró su corazón negando Mi Amor, el cual lo rodeaba, tratando de fortalecerlo. Si solo hubiera mirado a Mis ojos, y a Mi Amor, antes de contestarle a la mujer, hubiera hablado la verdad. Porque necesitaba Mi Amor para darle fuerza. Pero tenía miedo y cayó en debilidad. Dile a Mi gente lo mucho que amé a Pedro, a través de tu abrazo a sus respuestas de mis preguntas de Amor, como si fueran tuyas. Tú, también, necesitas sanación en Mi Amor, de las veces que lastimaste tu corazón en pecado, en negación o en desobediencia. Y así, con él, te hago las preguntas que le hice a él. Te pido que abras tu corazón más ancho con cada pregunta, abriéndote en amor, para recibir Mi Amor. ¿'Me amas?' Y en la respuesta de tu corazón 'sí', te pido que alimentes a Mi gente con el Amor con el que te lleno. Necesitas Mi amor para ser sanado –porque necesitas amarme para estar completo. Cuando Pedro Me miró y supo que era Yo el que estaba en la playa, no esperó que el bote llegara a la orilla, sino que saltó al agua para nadar hacia Mí. Su corazón estaba ardiendo para amar y estar cerca del que había negado. Así como fue perdonado mucho—y supo en nuestro primer encuentro de Mi perdón, ya que Mi Amor le habló en Mis ojos—también amó mucho. Pero su corazón, en el bote, aún necesitaba algo más de Mí. Y es por eso que corrió hacia Mí. Su corazón tenía una sed, una pregunta, algo que ni él sabía. Y por eso le pregunté si Me amaba. Necesitaba escucharse a sí mismo responder; necesitaba que su amor fuera fortalecido por sus palabras. Y después, le hice una promesa; una promesa dura para tragarla con su mente, pero que alegró profundamente el hambre de su corazón por amarme. Le prometí una muerte similar a la Mía; le prometí que le permitiría sufrir y morir por amor a Mí Y Mi conversación con él, en la playa esa mañana, en Mis palabras y en el movimiento del Amor de Mi Corazón en su interior, lo sanó y lo fortaleció para ser el líder de Mi gente. No le pregunté simplemente si amaba, pero si amaba más que el resto. El buscó el Amor más profundo y pleno; y se lo concedí a su corazón.

Y así, cuando la gente te hiere y se arrepiente, tú también debes llamar amor de sus corazones. Debes permitir a la gente que te ame, especialmente aquellos débiles o heridos en el amor, y especialmente a aquellos quienes te han lastimado. Al permitirles amarte, y al recibir su amor como una respuesta a Mi Amor en Mi Corazón dentro de ti, Mi Amor fluirá de vuelta a ellos para sanar y fortalecer su Amor por Mí (y su amor por Mí en ti). Al no solo permitirles, pero llamar amor de ellos en formas simples y silenciosas Mi Espíritu te guiará, estás haciendo tus heridas visibles y vulnerables permitiéndoles tocar hasta lo más profundo, para que su fe y amor pueda ser encendido. Tú le enseñarás a la gente a amar, al permitirme trabajar en ti, así como trabajé con Pedro. Y Mi Amor en ti se encontrará con sus corazones heridos, haciéndolos fuertes y completos. Debes permitir que su amor—el cual es Mi Amor en ellos –se derrame completamente. Porque al amar serán sanados y abiertos para también recibir profundamente Mi Amor.

Y esta es tu lección sobre Pedro, esta noche. Te bendigo con Mi Amor, el Amor que lo puso a prueba, y el Amor que venció y se fortaleció en él. Fiat siempre a Mi plan y a Mi voluntad. Amén."

XII

Letanía de Confianza

Corazón de Jesús, misericordioso
  -en Ti confío.
Sangre de Jesús,
  -en Ti confío.
Cuerpo de Jesús,
  -en Ti confío.
Heridas de Jesús,
  -en Ti confío.
Espíritu de Jesús,
  -en Ti confío.
Manos de Jesús,
  -en Ti confío.
Pies de Jesús,
  -en Ti confío.
Memoria de Jesús,
  -en Ti confío.

Palabra de Jesús,
        -en Ti confío.
Jesús, el más humilde,
        -en Ti confío.
Jesús, el más tierno,
        -en Ti confío.
Jesús, mi esposo,
        -en Ti confío.
Jesús, nacido en un establo,
        -en Ti confío.
Jesús, pequeño Mártir,
        -en Ti confío.
Jesús, Niño obediente,
        -en Ti confío.
Jesús, en la Eucaristía,
        -en Ti confío.
Jesús, solo en el Huerto,
        -en Ti confío.
Jesús, azotado y abandonado,
        -en Ti confío.
Jesús, burlado y Coronado con espinas,
        -en Ti confío.

Jesús, odiado e incomprendido,

-en Ti confío.

Jesús, con la Cruz a cuestas,

-en Ti confío.

Jesús, confiando en el Padre,

-en Ti confío.

Jesús, Amor Crucificado,

-en Ti confío.

Jesús, bebiendo la copa de Tu Padre,

-en Ti confío.

Jesús, Resucitado,

-en Ti confío.

Jesús, envía Tu Espíritu,

-en Ti confío.

Jesús, siempre conmigo,

-en Ti confío.

Jesús, siempre fiel,   --

en Ti confío.

Jesús, siempre con esperanza,

-en Ti confío.

Jesús, siempre perdonando,

-en Ti confío.

Jesús, siempre confiando,

    -en Ti confío.

Jesús, mi fuerza,

    -en Ti confío.

Jesús, cántame,

    -en Ti confío.

Jesús, cálmame,

    -en Ti confío

Jesús, sé mi silencio,

    -en Ti confío.

Jesús, sé mi paz,

    -en Ti confío.

Jesús, sé mi luz,

    -en Ti confío.

Jesús, sé mi guía,

    -en Ti confío.

Jesús, sé mi todo,

    -en Ti confío.

Jesús, sé mi amor

    -en Ti confío.

Jesús, mi Amado,

    -en Ti confío.

Jesús, Jesús, Jesús,

      -en Ti confío.

Jesús, Jesús, Jesús,

      -en Ti confío.

Jesús, Jesús, Jesús,

      -en Ti confío.

Jesús, ayúdame a Fíat,

      -en Ti confío.

Jesús, toma mi miedo,

      -en Ti confío.

Jesús, haz todo en mí,

      -en Ti confío.

Jesús, descansa en mí,

      -en Ti confío.

Jesús, ayúdame a dormir en Ti,

      -en Ti confío.

Jesús, dame por favor el fíat, la paz, alegría, confianza, fuerza, sabiduría, humildad y valor que necesito para sufrir contigo. Amén.

Elogios Adicionales
para *Fuera de las Tinieblas*

"Mary Kloska ha pintado otro ícono maravilloso, como el título de este libro. Ella nos provee una buena explicación del ícono, el cual representa el Amor de Cristo como suave, humilde y fuerte. Aunque Jesús es mostrado en la Cruz y sangrando abundantemente, Mary nos muestra que Él tiene el control. Él mira la escena frente a Él. Es como si está mirando directamente a los ojos de cada persona, que vivió, está viviendo, o que vivirá. Mira a los ojos de los niños abortados y malogrados (de aborto espontáneo). El conoce la necesidad de salvación que tienen, y se sacrifica a Sí mismo. Su fuerza es clara en esa Mirada, en el hecho de entregarse, más aún que Su debilidad de ser crucificado. Esa profundidad entra en las páginas de este libro y atrae al lector, contemplativamente. Un lector no puede apresurarse a leer los capítulos. Cada frase debe ser pensada; cada imagen debe introducida. Cada sección, de cada capítulo, se basa en la siguiente de una manera deliberada y escrita con el intento de aportar comprensión espiritual al lector."—**Dr. Cynthia Toolin-Wilson, WCAT Radio anfitriona de "<u>Autor</u> <u>a Autor.</u>"**

"Este manuscrito me afectó profundamente en mi vida espiritual... y es muy difícil para alguien de 82-años aprender algo nuevo... esto realmente fue cambio de vida para mi espiritualidad."—**Ronda Chervin, autora de** *Siempre un Nuevo Comienzo: Una Conversación Entre Guerreros Católicos Espirituales Rotos*

"Este libro es un regalo para cualquiera que lo lea, porque nos muestra como—así como Jesús le dijo a Mary—'podemos ser hechos profundamente 'uno' con Él, en la Cruz."—**Hna. Patrizia Pasquini, ASC, Generalate hermanas de La Más Preciosísima Sangre**